老化には抗わなければ
年相応に落ち着かねば
周りから浮かないように
しなければ…
私は自分で自分を
縛り付けていた

あなたが思う〝美しい人〟は
若くて白髪が無い人？
目鼻立ちが整っている人？

自分らしさを武器にすれば
〝美しい人〟になれる
チャンスは
私たち全員にあります。

私が美容先進国
アメリカ・NYの
最新事情とともに
あなたの美しさを
引き出す48の方法を
お伝えしていきます。

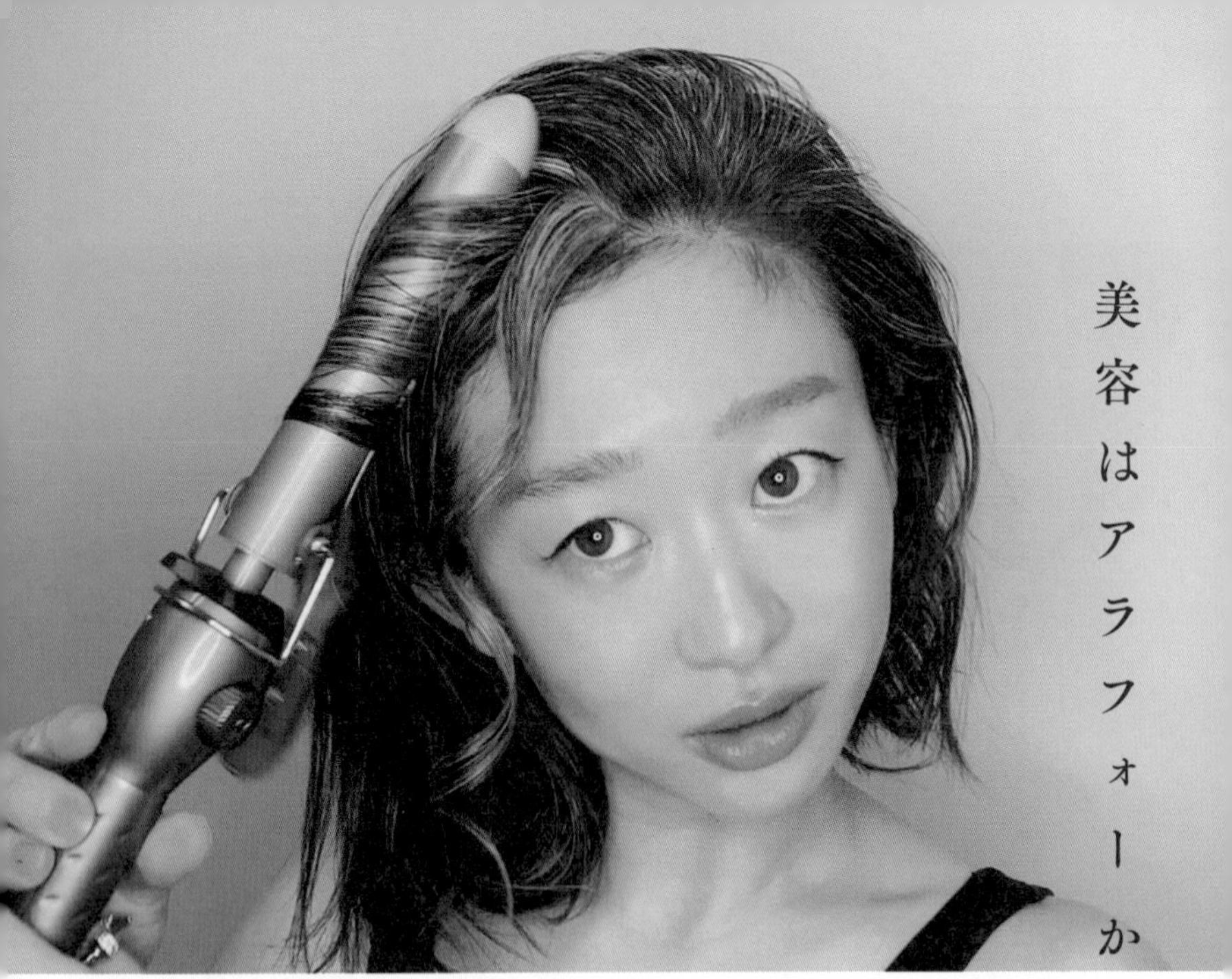

美容はアラフォーからがおもしろい

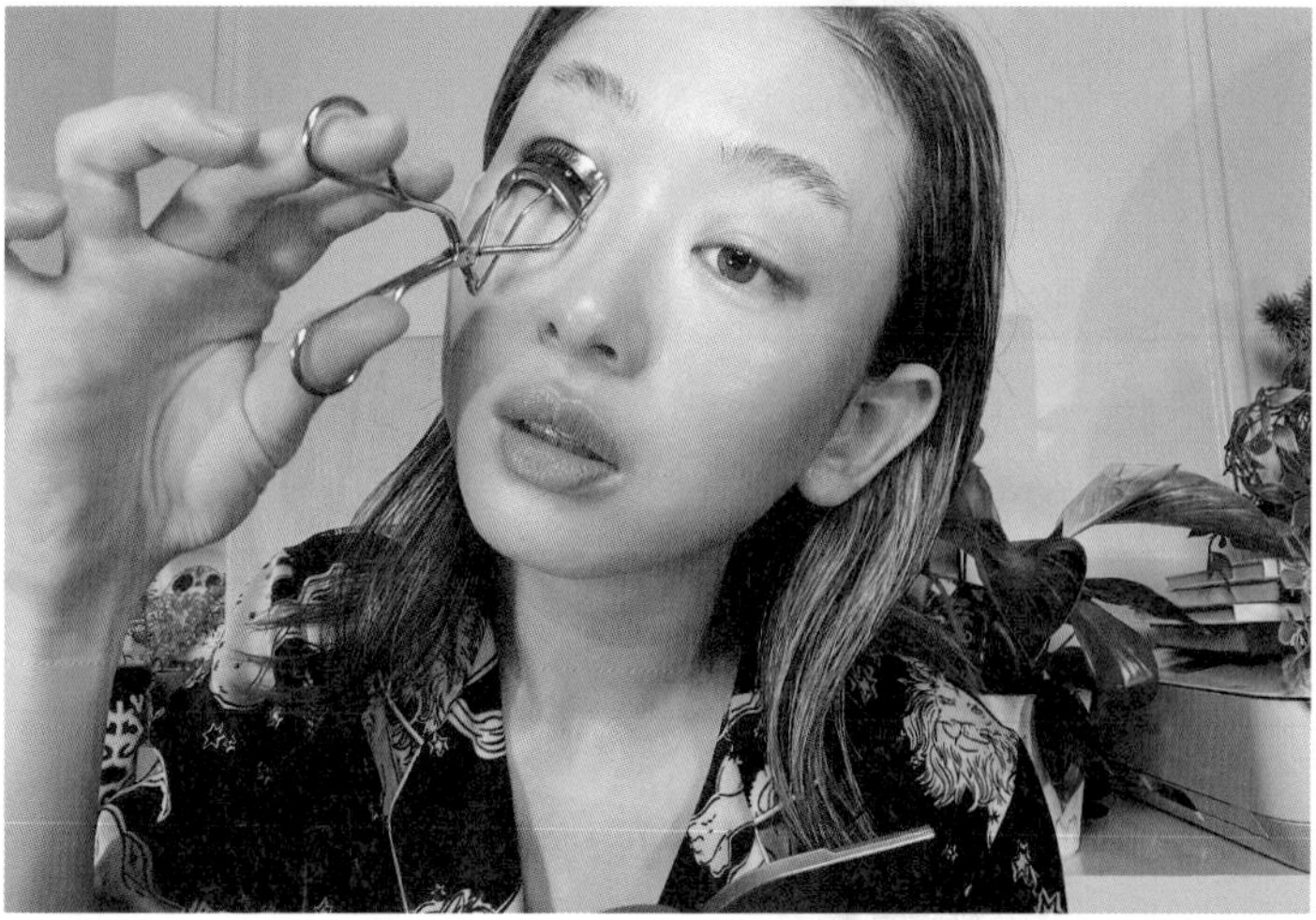

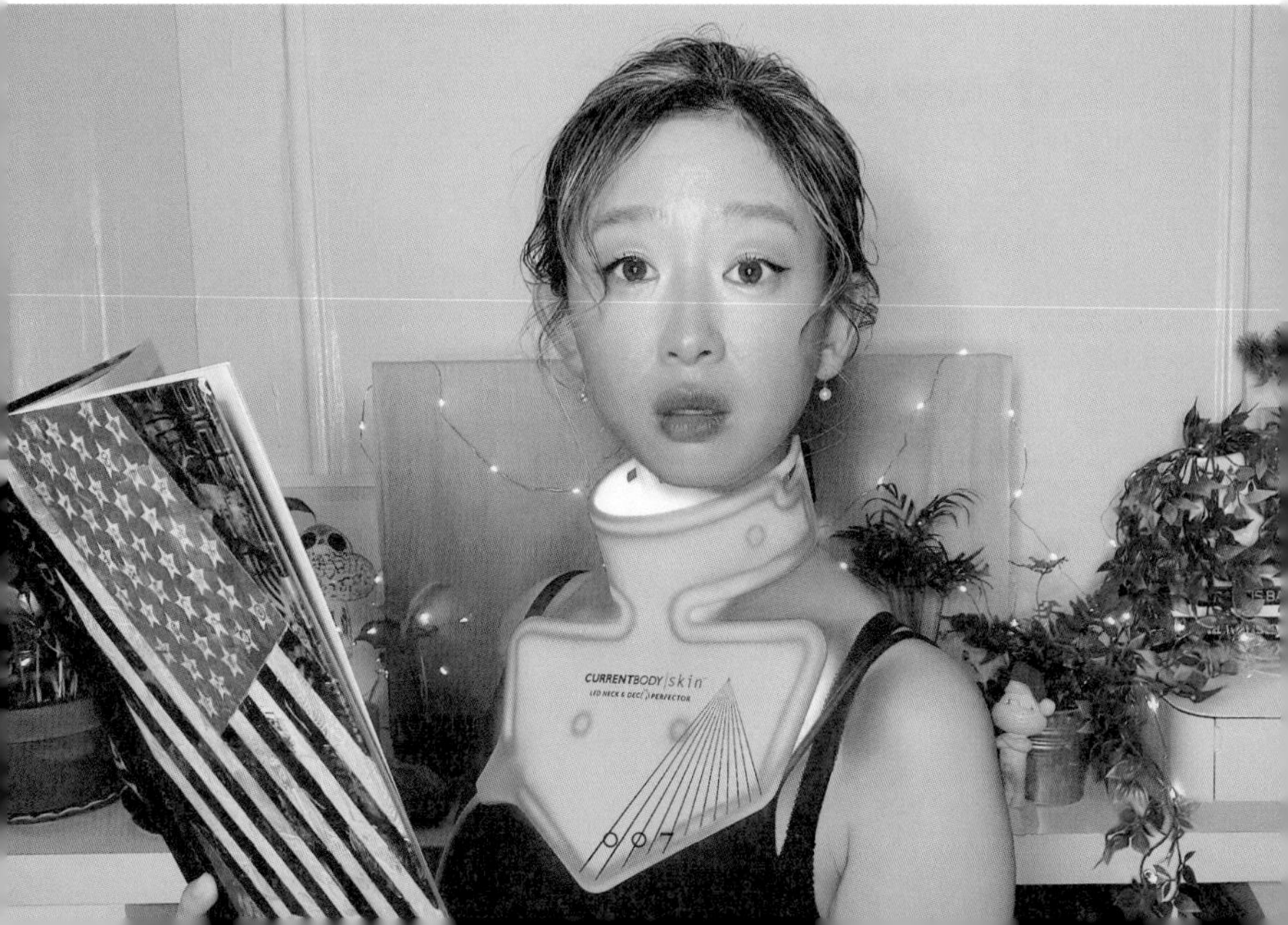
CURRENTBODY | skin

PROLOGUE
はじめに

この本を手に取ってくださり、ありがとうございます。

美容家のYATSUMIと申します。

私は『ASOBO TV NEW YORK』というYouTubeチャンネルで、NYの生活でインスピレーションを受けた美容法や考え方を紹介しています。

今では「うる艶赤ちゃん肌」や「自慢のグレイヘア」、メイクやファッションなど、自分なりのテクニックや新しく挑戦していることを楽しみながらお話しできるようになりましたが、そこに辿りつくまで、美容の悩みやコンプレックスがなかったわけではありませんでした。

18歳の頃に原因不明のひどい肌荒れをしてから、お肌に対してはものすごく時間をかけ、試行錯誤してケアしてきましたし、また、20代後半で白髪が増えたことで、自分の髪や自分の変化と向き合わざるを得ませんでした。コンプレックスがあったから、メイクも自分に合う方法を見つけるために色々試してきたし、ファッションも似合うものを見つけるまでは失敗することもありました。

漠然と「美しくなること」を目指していた20代から、「自分らしい美しさ」を模索する30代。

特に白髪が生えてきたことで、「年齢を重ねること」と「自分らしい美しさ」について深く考えさせられました。否応なしに訪れる変化を経験する中で、私の中の思い込みが自分をがんじがらめにし、自ら世界を狭めていることに気づきました。

そんな私の世界観を変えてくれたのはやっぱりNYでした。

さまざまな文化や価値観が入り混じり、最先端の人やモノが集まるエネルギーの強いこの街では、基準もルールも人それぞれ。

それに触れると、私が日本から持ち込んだ凝り固まった価値観や思い込みはあまりにちっぽけだと思い知らされ、それと同時に「年齢を理由にリミットをつけて残りの長い人生を過ごすなんてもったいなさすぎる！」と強く思いました。

NYには自分で決めた美しさをまとって生きている人がたくさんいます。

誰かが決めた基準になんて合わせていない、その人だけの魅力を最大限に活かしている美しさ。そのような人たちは、光輝いていて美しいのです。

「美しさの基準なんて、本当はないのだから、自分で決めればいい」

そう気づいたら、世界は変わりました。
悩み、苦しんだ末、コンプレックスだったグレイヘアは自信になり、自分の外見だけでなく考え方や行動にも変化を与えてくれました。

エイジングは誰にでも訪れるものです。
だからこそ無理に抗うのではなく、「今の自分を愛し、受け入れて、楽しむ」美容法を手に入れることができたら、もっとこれからの人生に光を感じられるのではないかと思います。
日本では今も、周りと同じようにすること、基準に合わせることが正しいとされている風潮がありますが、誰かが作った美しさの基準になんとなく必死に合わせて、合わないときは自分を〝それ以下〟の存在と諦めて生きても、誰も責任を取ってくれません。

自分の人生に責任を持てるのは、自分だけなのです。

私は今の40歳の自分が一番好きです。それは「美しさは自分で決める」と決めたから。

もし「シミやシワがあってもうおばさんだから……」「年相応の格好をしないと変な目で見られちゃうから……」「白髪染めしないとみっともないから……」など、年齢を重ねることで諦めたり悩んだりしていることがあれば、私自身がエイジングと向き合いながら行ってきたこと、気づいたことが、なにかヒントになるかもしれません。

まずは、あなただけの「美しさ」を見つけてみませんか？

美容法を参考にしながら、「見た目の変化」を通して「内面の変化」も感じてもらえたら嬉しいですし、「あなたらしい美しさ」について考えてもらえたら、さらに嬉しいです。

CONTENTS

Part 3
一番の味方になる 体との付き合い方

Part 4
魅力を最大限にする印象コントロール法

Part 5
自分軸を取り戻す心との付き合い方

Part 1

赤ちゃん肌は
アラフォーでも目指せる
美肌の作り方

「うるつや肌」を作るスキンケアルーティン

みなさんは「美肌」と聞いて、どんなお肌を思い浮かべますか?

私の思う「美肌」は、一目でわかる潤い、内側からピカーッと発光したような透明感、ツルッと滑りそうなほどの艶、その3点をすべて持ったお肌です。

そんなお肌に出会ったら、私はその人のことを忘れません。「美肌」は印象に残ります。

ちょっとシワやシミがあっても、誰もが振り向く美人でなくても、お肌のベースのよさはそれを飛び越えてしまう威力があります。

そう、「美肌」は最強のメイクなのです。

私にとってのスキンケアは、そんな理想の「美肌」になるための大切なプロセス。毎日のスキンケアを、明日、5年後、10年後、はたまたもっと先、未来の自分を想っています。

美容専門学校時代に原因不明の肌荒れをしてから、肌で悩んでいた時期が長かったのも影響しているのかもしれません。「美肌」は心の安定剤でもあるのです。

もちろん「めんどくさい……今日だけは無理！」と思う日もあります。けれど「寝る前にクレンジングだけは絶対する」と決めているので、顔さえ洗ってしまえば、あとはブースター、ローズウォーター、化粧水、美容液、オイル、バームと工程が多くても一連の流れでできてしまいます。

眠いときやお酒を飲んだときは、この工程の多さに泣きたくなることもあります。こんなときは「クレンジングは絶対。あとは化粧水とバームだけでもいい」と自分に選択肢を作ってあげると、不思議！　未来の自分を想ってすべてやってあげたくなります。化粧水とバームだけという日もありますが、無理なくスキンケアを続けることが肌にも心にも一番の栄養になると思います。

素材は最新成分かオーガニックか

私は自分で使うスキンケア商品を、オーガニックやナチュラルな素材で手作りしていて、市販のものを購入する場合にもできるだけそういった成分のものを選ぶようにしています。

私がオーガニックコスメに出会ったのは、遡ること十数年前。まだ20代で雑誌の読者モデルや美容ブロガーをしていた頃です。忘れもしない、美容家でありオーガニックコスメを日本に広めた第一人者の吉川千明さんと対談する企画に参加したのがきっかけでした。

ほかの参加者も20代でしたが、なんと当時50代だったであろう吉川さんのお肌が断トツで透明感があってきれいだったのです。長年オーガニックコスメを使っている方の肌が、誰よりも美しく発光していることにとんでもない衝撃を受けました。雷が落ちたとは、まさにこのこと。生きる証明に会ってしまった……と。その日から私は、雷で焦げたまま、オーガニックという深い森に足を踏み入れていくことになったのです。

それから市販のオーガニックコスメを使っていて、カリフォルニアに留学したときも日本のものを持ち込んでいました。しかし、なくなる不安や金銭面からニューヨークへの移住を機に自分で化粧水を作るようになりました。すると、よりお肌が安定したのです。防腐剤や保存料など余計なものが入っていないこと、たっぷりの量を使えるのがよかったのではないかと思っています。

さらに会う人会う人にお肌がきれいと褒められるようになりました。あまりに褒められるので、手作り化粧水のおかげだなと確信に変わりました。そして多くの人にスキンケアについて聞かれるので、当時通っていたニューヨークの学校で、化粧水の作り方講座を開きました。先生も気になっていたみたいで、授業中に開講！　こういったところはさすが自由の国。そして、とてもニューヨーカーらしい。新しいもの、いいものへの感度が高い。

ナチュラル系のスキンケアアイテムは、即効性があるものではありませんが、長い目で見ると必ず違いが出てきます。また、ナチュラル系というと、潤いが少なかったり、期待できる効果が薄いイメージを持つ方もいるかもしれませんが、そんなことはありません。私は吉川千明さんがおすすめするスキンケア商品を使ったときに、「オーガニックコスメでも満足ができるんだ」という驚きがありましたし、自分自身のお肌こそがその証明だと感じています。

手作り化粧水を含め、自分が信頼できるオーガニックやナチュラル系アイテムを使い続けていれば、50代、60代になっても吉川さんのようなきれいな肌でいられるはず、という確信があります。

化粧水を手作りしたいという方のために、私が作っている一番ベーシックなレシピをご紹介します。参考にしてみてください。

※使用前に必ずパッチテストを行ってください。異変を感じたらすぐに使用を中止し、アレルギーのある人はやめておくか医師に相談して使用してください。

手作り化粧水の作り方

【材料】
精製水…200㎖
植物性グリセリン…小さじ2
尿素（化粧品レベル）…小さじ1
オーガニック精油…5～8滴

【作り方】
1．殺菌・消毒をした容器に材料を入れる。
2．ふたをしてよく混ぜ合わせて完成。
冷蔵庫で保存し、7～10日で使いきる。使用前は必ずよく振る。

精油は好きな香りでかまいません。私はラベンダーとフランキンセンスを入れています。ほかにも夏はペパーミント、殺菌したいときはティーツリーを足すなど季節や気分、肌の状態によってアレンジしています。精油の香りに日々癒やされていますが、香りがないほうがいいという方は入れなくてもかまいません。精製水をローズウォーターに変えれば常温保存、持ち運びも可。

基本の使い方は朝と夜にたっぷりと肌に浸透させること。何もついていないコットンフェイスマスクにたっぷりと化粧水を含ませたものを顔と首に5分ほどパックするのがおすすめです。その後は美容液やオイル、保湿クリームなどをつけます。全身にもバシャバシャつけて、オーガニックココナッツオイルで保湿します。たっぷり使うので、500㎖の化粧水を4~5日で使いきります。オーガニックスキンケアは金銭面をネックに感じる方もいるかもしれませんが、これは1回作っても数百円くらい。これは手作りだからこそ継続できることだと思います。

たった7日で「赤ちゃん肌」が手に入る食べ物

私は6～7年前からX（旧Twitter）で中国の伝統医学である中医学に興味を持ち勉強に励んでいます。漢方家の櫻井大典先生（@PandaKanpo）や漢方アドバイザーのなおみん先生（@naominkubo）などの中医学の専門の方々をフォローして学んでいます。

なおみん先生とは、今や色々相談させてもらったり直接会ってお話しする仲でもあり、２０２４年春からはなおみん先生ら「成城漢方たまり」の先生方が講師を務める「tamari中医学養生学院」で中医学について学んでいます。Xで出会った健康情報のひとつだった中医学が、時を経て自分の血肉(知識)になっていくなんて、なんだかロマンチック。その血肉で誰かの役に立てる日がくるのを夢見て、勉強に励みます。

私のYouTube動画でもなおみん先生が発信していた薬膳レシピをいくつか紹介していますが、その中からお肌に抜群の効果があるレシピを２つ紹介します。

まずはYouTubeで200万回以上再生された「赤ちゃん肌になれる最強うる艶ペースト」。

それまでお肌をいい状態でキープしていた私ですが、コロナ禍で外出が減って朝のスキンケアをスキップすることが増えると、肌の内側から乾燥するような状態が続いたり、肌が酸化したように感じることが多くなりました。

そんなとき、なおみん先生の「黒ゴマ、生クルミ、生松の実をペースト状にし、毎日大さじ1杯食べるとお肌と髪がうるツヤになる」という内容のポストが目に留まり、アメリカでも手に入れやすい材料だったので、即座に試してみました。

すると、1週間で髪も肌もうるうるに！　特に驚いたのはお肌の変化でした。

7日目で肌の内側が潤っているのがはっきりとわかり、手も永遠に触り続けたいほどすべすべに。そして、10日目の朝、身支度中に鏡の前を通り過ぎたとき、ふと自分の顔が視界に入ったのですが、その肌がトゥルンとしていて、慌てて戻って鏡を見て肌を確認しました。明らかにつるんと滑らかでトーンも明るく、色ムラもなくなっていたのです！　一点の曇りもない生まれたてのようなこのお肌は、まさに「赤ちゃん肌」。

食べ物だけで本当にこんなことがあるのかと驚きました。しかも超簡単。それからというもの、毎日欠かさず食べています。

後にわかったのですが、最も効果的な食べ方は、日没後に蜂蜜と一緒に摂る、そしてドロドロの液状になるくらいまで細かくしたほうが効果を感じやすいそうです。

美肌＆うる髪ペーストの作り方

【材料】（作りやすい約1週間分）

黒すりゴマ…40ｇ（すりゴマが楽でおすすめ）

生クルミ…40ｇ

生松の実…20ｇ

※黒ゴマ：生クルミ：生松の実が2：2：1の割合であればOK

【作り方】1．生クルミ、生松の実をハイパワーなミキサー（ハンドブレンダーやミルミキサー、すり鉢などでもOK）でペースト状にする。
2．黒すりゴマを加えてさらに混ぜる。
3．油が出てしっとりしてきたら完成。
粒のゴマを使う場合は最初に単体でミキサーにかけておく。密閉容器に入れて冷蔵庫で保存し、酸化しないよう1週間以内に食べきる。


2つ目は「白きくらげと手羽先のぷるぷる美肌スープ」。

白きくらげは楊貴妃や西太后も好んでいた美肌食材です。漢方では、白色の食べ物には体の潤いを補う効果があるとされています。また、鶏の手羽先も中医学では、とてもお肌によいものとされています。それは皮膚をよくするには皮膚（皮）を食べるとよいと考えられており（一番皮が多いのは手羽先）、さらに手羽先を骨のところでカットすることで、骨髄からコラーゲンが溶け出すからです。骨髄液には血を補う効果もあるそう。

白きくらげと手羽先のスープはお肌が潤う効能が詰まりに詰まった飲まなきゃ損！なスープなのです。このスープもなおみん先生のレシピがベースです。

早速スープを作って飲んでみると、5日目の夜には洗顔時に肌が変わったのを実感、そして6日目の朝にはつるつるピカピカに。その日は睡眠不足で2～3時間しか寝ておらず普段なら顔が土色のはずなのに、ここまでぷるぷる肌を実感できたことに驚きました。美肌&うる髪ペーストが良質の油の補給だとしたら、こちらはコラーゲン補給といったところでしょうか。両方摂ることで、潤いの相乗効果が生まれるのかもしれません。

ただし、ひとつ注意点があります。このスープは舌苔ベッタリ、むくみ、体ダル重な「痰湿《たんしつ》」タイプという、むくみやすかったり手足が冷えたりといった、余分な水分を体に溜め込みやすい体質の人には向かないそうです。また、季節的にも湿度の高い梅雨や夏には向かない食材なので、体質や季節を選んで摂るようにしてください。

ぷるぷる美肌スープの作り方

【材料】（たくさんできる分量）

白きくらげ（乾燥）…両手のひらにいっぱい程度
しょうが…1片（お好みで）
手羽先…6本

【作り方】

1．白きくらげはたっぷりの水に30分ほどつける。つけた後、水気を切って、硬い石づきの部分を切り落とし一口大に切る。しょうがは千切りにする。手羽先は骨の部分を切る。

2．圧力鍋に1とかぶるくらいの水を入れて強火にかけ、圧力がかかったら弱火で10～20分加熱し、圧が自然に抜けたら完成。

食べるときは器に盛り、ゴマ油を大さじ1程度まわしかけます。お好みで下味に市販の鶏がらスープを加えてもかまいません。食べきれない分は小分けにして冷凍し、解凍後は2～3日で食べきります。

YOU ARE WHAT YOU EAT

お肌を潤す効能のある食材として日常的に食べているのはアボカドです。アボカドは、森のバターと言われるように良質の油を含む保湿食材です。サラダに入れたり、トーストにのせたり。作る気力がないときのなんでも丼にも欠かせません。なんでも丼は、ご飯の上にサラダと冷蔵庫にあるものなんでも、野菜、お魚、納豆、目玉焼きなど、そのときあるおかずと一緒にアボカドをのせるだけ。同じくなんでもトルティーヤにしても！ トルティーヤに野菜とアボカド、丼と同じくなんでもあるものを巻くだけなのですが、簡単でおいしくおすすめです。

また、タンパク質は筋肉を作るもととして知られていますが、肌のハリをキープするのにも必須の栄養素。私は卵や納豆、豆類、サバ缶などでタンパク質を摂っています。私の場合、牛肉や豚肉などのお肉をたくさん食べると胃腸に負担がかかってしまうので、摂る場合は少量にしています。ニューヨークではビーガンやベジタリアンの人が身近に多く、彼らの話を聞くうちに、あえてお肉を選ばなくてもいいのかなと思うようになり、今では意思を持って、お肉を選ばなくなりました。

とはいえ、家族や友人と一緒に食事をするときはお肉を食べますし、そのときは感謝しておいしくいただきます。ゆるーくそのときの気分、状況、思考に合うものを選択しています。

私には食べるものを選ぶときに思い浮かべる言葉があります。

「You are what you eat」

これは、私たちの体や精神は自分自身が食べているものでできているという意味ですが、本当にその通りだと思います。ニューヨークにはおいしいハンバーガーやピザ、アイスなどジャンクなものがあり、それらを食べることもありますが、普段気をつけているからこそ、そういうものも罪悪感なく、楽しんで食べることができます。普段気をつけているということが大事なのだと思います。

みなさんも、食べるものを選ぶときは「You are what you eat」を思い出してみてください。自然と、体にいいものを選ぼうという気持ちになりますよ。

毎日使う「あれ」を替えるとお肌が変わる！

私が10代後半の頃は、オイルタイプクレンジング全盛の時代。オイル自体が悪いわけではないけれど、値段がお手頃なオイルタイプは、肌を傷める原因となり得る質の悪い合成界面活性剤が入っていることが多いので避けたいところ。そんなこととは露知らず、私もその類《たぐ》いのクレンジングオイルを使っていました。

しかし、幸運なことに？　私のお肌には合っていない感じがしたのと、当時愛読していた安野モヨコさんの『美人画報』という美容イラストエッセイで、スキンケア用の乳液でメイクを落としているというのを知って衝撃!!　すぐにオイルタイプのクレンジングをやめ、乳液……はハードルが高かったので、ミルクタイプのクレンジングを探して試してみることにしました。

とはいえ、当時はミルクタイプやクリームタイプのクレンジングはあまり種類がなく、あっても当時の私には高価だったので、せめてもとジェルタイプのクレンジングを使用するように。洗顔後もつっぱることなく潤うことに驚きました。

これは肌質によるかもしれませんが、私のような乾燥～混合肌にとっては、安価なオイルタイプ＋泡洗顔は皮脂をとりすぎてしまうように感じます。きっとあのときのお肌は「きゃ～もうやめて～！　とらないで～！」と悲鳴をあげていたでしょう。ごめんね。

その後、ニューヨークでアメリカのナチュラルコスメブランド「Burt's Bees」のクリームタイプのクレンジングに出会ってからは、浮気なしで使っています。

使い心地がとてもよく、効能やクリームの固さで種類があるので、お肌の状態や季節によって替えられるのもうれしい。アメリカではどこにでも売っていて、ドラッグストアでは10ドルほど、アマゾンではさらに安く購入できるのも続けやすい理由です。

ただし、下地やファンデーションがっつり、アイメイクもしっかりでマスカラはウォータープルーフ、リップも落ちないものという方には、これだけだと落ちが弱いので、オイルタイプやポイントメイクリムーバーでのオフが必要かもしれません。

今は石けんで落とせるコスメもたくさん出ているので、そういったアイテムに切り替えてみるとクレンジングもお肌に優しいもので事足りるようになるので、お肌への負担も減り、結果的にしっかりメイクが必要ない肌になるのではと思います。

また、日焼け止めやBBクリームなどは落ちにくいものが多い印象ですが、私はSPFの効果があると言われるラズベリーシードオイルやキャロットシードオイルと石けんで落とせてお肌にも地球にも優しい「ラ ロッシュ ポゼ UVイデア XL プロテクショントーンアップ ローズ」を愛用しているので、ナチュラルなクレンジング剤でも問題なく落とせます。ラ ロッシュ ポゼのUV下地は、ケミカルの日焼け止めの中だけなら、これ以外に日焼け止めが存在する必要があるのかというくらいよいです。

今は、特にアメリカでは、より低刺激なミネラル日焼け止めがたくさん出ているので、いくつか試したり自分で作ってみたりしましたが、これというものにはまだ出会えず。自分にぴったりのミネラル系日焼け止め探しはこれからも続く予定です。

ちなみに、クリームタイプのクレンジングで落ちない場合は、私はオーガニックココナッツオイルを使って落としています。フラクショネイテッドココナッツオイルという気温が低くても固まらない、分子が小さく精製されたタイプのものが便利です。[10]

年以上続いた冬の固まったココナッツオイルとの闘いに終止符を打ちました。

メイクが残りやすく色素沈着が気になる目元や口元に塗って、メイクと馴染ませてからティッシュオフをし、顔を濡らしてクレンジングクリームを使うか、最近では手作りの米ぬか洗顔料で顔を洗っています。米ぬか洗顔料は洗浄力が高いのに、潤いはきちんと残り、顔のトーンも明るくなる優れもの！　私は洗顔だけでなく、シャンプーとして使ったり、体を洗ったりするのにも使っています。
※使用前に必ずパッチテストを行ってください。異変を感じたらすぐに使用を中止し、アレルギーのある人はやめておくか医師に相談して使用してください。

米ぬか洗顔料の作り方

【材料】　水…150㎖
重曹…2・5g
米ぬか…25g

アロールートパウダー（または米粉、小麦粉）… 25g
りんご酢（またはお好みの酢、レモン汁）… 大さじ1／2
お好みのオーガニックエッセンシャルオイル … 数滴

【作り方】

1. 鍋に水を入れて沸騰させ、重曹を溶かす。
2. 米ぬかを入れ混ぜる。膨らむので注意。
3. アロールートパウダーを入れ、よく混ぜる。
4. 火を止め、りんご酢、エッセンシャルオイルを入れて混ぜる。

コツは水っぽすぎず固すぎないテクスチャーに仕上げることと、火にかける時間が長いと固くなるので、先に材料を量って準備しておき手際よく進めること。密閉容器などに入れて保存し、1週間程度で使いきるようにします。大さじ3程度の分量を顔と首全体に使い、お肌はこすらず、米ぬか洗顔料のかたまりに指数本を優しく押し当てるようにして汚れをとり、ぬるま湯で流します。その後は通常のスキンケアを行ないます。髪にも使えます。詳しい使い方は82ページで。

荒れたお肌が「水」だけで赤ちゃん肌を超える！

「あぁ美容ってお金がかかる！　もっとお金があれば……あれができて、あれが買えて美肌になれるのにー！」

とぼやいているそこのあなた。潤って発光した透明感のある艶肌になるには、お金をかけるだけがすべてではありません。

なんと私、「水」だけで、「赤ちゃん肌」を通り越した「水まんじゅう肌」になっちゃったんです。

体調もメンタルも絶不調だったときに、いつもできないような場所にニキビができたりして、1ヶ月くらい肌荒れが治らなかったことがありました。そこで、「スペシャルケアをしよう！」と立ち上がった私は、高価なパックをしたりエステに行く……のではなく、まずはベースをちゃんと整えようと思いました。

いつも以上に時間をかけてせっせとスペシャルケア。それを3日間続けたところ、顔全体がトーンアップし、お肌が水まんじゅうのようにプルンプルンになったのです。

「あれ？　水だけしか使ってないんじゃない……？」

気づいたときは、何やら誇らしいような、照れくさいような、褒められた小学生のような顔をしてニンマリ。「美肌&うる髪ペーストで効果は実感できたけど、材料が高くて続けられない」とコメントしてくれた方たちに伝えなくちゃ！　と、とてもわくわくしていました。

ただし、この「水」だけのメンテナンス（水道水より浄水をおすすめします）、お金はかかりませんが時間と労力が必要です。朝は30分早起きしなくてはいけないし、夜もスキンケアの時間がいつも以上に長くなります。途中から、これはブートキャンプかな？　と思いながら行っていました。しかし効果は目に見えてわかるので、この「水」だけのスペシャルケア、一度は試していただきたい。

水だけスキンケアのやり方

1．スチーム

まずは、顔に温かいスチームをあてます。朝晩やるのが理想ですが、特にやるとよいのは、夜、メイクを落とす前です。一日をすごしている間に、酸化した皮脂やメイクがどんどん毛穴に詰まっていきます。スチームによって毛穴を開かせることで汚れを浮き上がらせ、落としやすくします。

私は美容スチーマーを持っていないので、お鍋で少量のお湯を沸かしてから火を止め、タオルを広げてかぶって蒸気を顔にあてます。ポットで沸かしたお湯をボウルに入れてもよいでしょう。火傷にはくれぐれも注意してくださいね。

約3分ほど経ち鼻からポタッと水が落ちるぐらいになれば、十分毛穴が開いた頃なので、クレンジングクリームや米ぬか洗顔料でメイクを落としたり、顔を洗います。

2. 塩素の入っていない水ですすぐ

すすぎの最後は浄水器を通した水か、ミネラルウォーター、精製水で顔を流します。これは水道水に含まれる塩素を洗い流すためです。

3. 氷水パッティング

顔を流したら、顔の水分を優しくとり、氷水パッティングをします。氷水パッティングは、ニューヨークで美容家の日本人の友人が、日焼けの後にするとよいと言っていて、実際にやってみたらお肌の調子がよくなったものです。

氷水パッティングの方法は、まず深さのある容器に浄水や精製水と氷を入れます。氷も浄水などの水で作っておいてください。次にコットン2〜3枚を重ねて、水が滴るぐらいたっぷり冷水につけて、優しくパッティングをします。指にコットンを挟んで、コットンだけがお肌にあたるように手を動かします。お肌が冷たくなったらやめましょう。氷水パッティングの後は通常のスキンケアをします。

4．白湯を飲む

私の一日は白湯に始まり、白湯と過ごし、白湯で終わる。私にとって、白湯が一番おいしい飲み物です。体は温まるし、いつ飲んでも飽きのこない味でありながらも、時々甘かったり、時々珍しく冷たいモノを欲していると気づけたり、体の変化を教えてくれる重要なバロメーターでもあります。

軽量かつ保温性の高いお気に入りのマグボトルを見つけて、お家でも、出かけるときも、白湯をお供に生活すると楽しいですよ。私はサーモスのものがお気に入りです。

私の周囲で、肌に透明感がある人は共通して水をよく飲んでいます。もちろん体質によっては水の飲みすぎは控えたほうがいいですが、適度に飲むことは肌にとってよい影響があると思います。

漢方アドバイザーのなおみん先生は、胃腸の元気が不足している脾気虚《ひききょ》の体質の人は水を溜め込みやすいので、1日1ℓでも多いと話していました。私は、水をがぶがぶ飲むというよりも、いつも白湯が手元にある状態にし、1日1.5ℓ以上は飲んでいましたが、まさに脾気虚の体質に当てはまるので、最近は少し減らしています。

つけるだけで発光ツヤ肌になるオイル

アメリカに渡ったばかりの頃、「ソンバーユ」を使い始め、オイルの可能性に気づいたばかりの私は、日本では見たことのない美容オイルがたくさん並んでいるのを見て興味津々。美容オイルは端から端まで試してきました。

その中で、お肌を発光させてツヤツヤにしてくれるオイルと出会いました。その名も「マルラオイル」。マルラとは、アフリカ南部に生育する木で、マルラの種や実から抽出したオイルにはオリーブオイルの約10倍の抗酸化作用があります。

私が最初に試したものは、アメリカの「ドランク エレファント」というブランドから発売されているものでした。ドランク エレファントは成分引き算主義で、使われている成分が合成か天然かは関係なく、肌が喜ぶ原料を厳選するという哲学のもと製品作りをしている、アメリカで人気のブランドです。

初めて「SEPHORA」（欧米で人気のコスメショップ）売り場を見たとき、その特徴的なデザインと製品ラインナップにほかのブランドとは一線を画していると感じました。日本には2021年に初上陸して、クレンジングバームが有名になりました。

それまで色々なオイルを試してきましたが、こんなに顔を明るくツヤツヤ発光させてくれるオイルは初めて。これまた新たな衝撃、ズドーン。

とはいえ、ドランク エレファントのマルラオイルは、値段が少し高めなので、その後はナチュラル派の知人がおすすめしてくれた「Acure」やアメリカで大人気のナチュラル系スーパー「Trader Joe's」オリジナルのものを試してみると、あら不思議。十分な効果を感じました。

マルラオイルはいくつかのブランドから発売されていて、ブランドによって値段もずいぶん違いますが、お安いものであっても十分効果を感じます。お手頃な価格であれば続けやすいですすし、続けることでお肌は変わっていきます。

ちょっとやるだけで差が出る〝首とデコルテケア〟

今、日本で大ブームらしい「シートマスク」。みなさん使っていますか？

私は朝晩、使っています。以前は市販のシートマスクを使っていましたが、成分や防腐剤などが気になり、今はドライのシートマスクにたっぷり手作りの化粧水を含ませて、5分ほどパックをしています。

そして、フェイスパックのときに追加して行っているのが、首とデコルテのパックです。首とデコルテは、キッチンペーパーにたっぷりと化粧水を含ませたものを貼りつけています。

少し話がそれますが、私は専門学校時代に急な肌荒れを経験してから、タオルで顔を拭かずに、ティッシュやキッチンペーパーで拭くようになりました。肌荒れの原因をどんなに調べてもらってもわからず、菌がつきそうなものはできるだけ排除していたからです。

キッチンペーパーといっても、薄くゴワゴワした安価なものではなく、少し厚めでタオルのような弾力があり、数回であれば洗って繰り返し使えるようなタイプのものを選んでいます。お肌の調子がよくなってからも、タオルの繊維がお肌につくことが気になり、必ず洗顔後はキッチンペーパーをそっと当てて水分を吸収させています。

この顔の水分を吸収させたキッチンペーパーに化粧水を含ませ、首やデコルテに貼り、その上から100均で売っているようなシリコンマスクカバーを顔と首につけます。これならほかのことをしていてもパックがはがれて落ちたり、シートマスクが乾きすぎることもありません。

顔と同じで、首とデコルテもスキンケアだけでなくパックしてあげると、やっていないときとの差は歴然。首とデコルテまで潤って整っていると全体の印象が一気に引き上がるので、お手軽ながらもパフォーマンスのよいケアです。

汗をかいたり紫外線や空気中の汚れに晒されたりして、実は過酷な環境にいることが多い首とデコルテなので、顔と同じくらい優しく丁寧にケアして愛でてあげたいです。

最新美顔器は積極的に試してみる

お肌のトーンアップ、質感、ハリの改善などのエイジングケアに、コラーゲンの生成を促す美顔器を使っています。ほぼ毎日欠かさず続けているのは、「カレントボディ」の顔用と首・デコルテ用のＬＥＤマスクです。医療機関で受けられるＬＥＤ施術が家庭でできるというもの。

効果があるの？　と思うかもしれませんが、私が愛用しているカレントボディのものは家庭用の中でも特にパワフルで、臨床的に安全性と効果が認証済み。家庭用のものは医療機関のものより出力が低いので、日々継続して使用できるのがポイントです。美肌の道は継続が近道ですからね。

使うタイミングは、洗顔後、スキンケアをする前のお肌になにもついていない状態で行います。そのままでも使用できますが、専用の美容液をつけると乾燥を感じにくいです。スペシャルケアをしたいときは、専用のゲルマスクをつけた上からＬＥＤマスクをするとお肌がピカーンと光り、ツヤツヤになります。

しかもたった10分つけるだけ。つけている間も、映画やドラマを観たり、本を読んだり、仕事をしたり、家事をしたりできます。これぞ「ながら美容」の極み。

使用後はお肌の触り心地が変わり、1ヶ月ほど使い続けるとお肌がふっくらしてきて、気になっていたおでこの細かいシワが目立たなくなっていることに気づきました。顔用、首・デコルテ用をその部位に使用するだけでなく、荒れやすい手、脚にできて残ってしまった傷跡などに当てるなど他部位にも活用できます。なんて万能なの！

目元用、頭皮用のＬＥＤ機器も愛用しています。頭皮用は髪の再生を促進します。私は数ヶ月継続して、新しく生えてくる髪の毛がとても元気になりました。薄毛やボリューム減少にアプローチしてくれるのです。私は「髪の自信」が「全体の自信」につながるような気がしているので、こちらも継続して使っていく予定。

ＬＥＤマスクのほかにも、ラジオ波のＲＦ美顔器や、電流が流れるマイクロカレント美顔器を週1～2回ぐらいの頻度で使い、3種それぞれ違う角度からのエイジングケアをしています。使用後のお肌の触り心地には毎回びっくりします。やわらかくすべすべ。やるのとやらないのとでは全然違うんです。

年齢によるお肌の変化は誰にでも起こることですから、このようなお家でできるエイジングケアを継続して、お肌をいたわってあげたいと思います。

カレントボディの製品以外にも、８年ほど前に購入したパナソニックの「イオンエフェクター」というビタミンCの浸透をよくする美顔器も月1回程度使っています。使っているものは旧モデルで生産中止になっていますが、新しいモデルがあります。

この美顔器に、最初に「THAYERS」のウィッチヘーゼルのトナーをつけたコットンを装着して、顔や首、首の後ろから背中、肩、デコルテなどの角質が溜まっている部分を拭きとります。普段クレンジングをしない部分を拭きとるとコットンが茶色くなって、驚きとショックを受けるとともに謎のドキドキと満足感が奥のほうから顔を出します。そして通常の化粧水をつけた別のコットンで保湿モード、ビタミンCの入った化粧水や美容液を塗ってからブライトニング（ビタミンC高浸透）モードを使用。最後にバームやクリームなどをつけてから音感リズムモードで優しくマッサージして終了です。肌にあたる部分が温かくなるので、なんだかほっとしてリラックスできます。比較的手を出しやすい値段なのに、保湿効果が期待できるだけでなく、溜まった角質がすっきりとれるのも気に入っています。

頭皮マッサージで顔ピン！　顔色ピカッ！

「頭皮ケア」は、顔周りにおけるエイジングケアの最適解ではないでしょうか。

私たちの頭と顔は、一枚の皮でつながっています。頭皮の血流が悪くなり硬くなると、顔のたるみの原因になります。たるみを気にして顔のケアだけをしていてもなかなか効果が見えにくいのはそのためです。凝り固まっている頭皮をマッサージして血流を改善することが、顔をピンッと引き上げ顔色をパッと明るくする近道なのです。

私は、頭皮のマッサージを指、カッサ、パドルブラシ、ローラー鍼の4つの方法で行います。指が一番大きく緩やかな刺激で、ローラー鍼が一番細かく鋭い刺激です。

カッサマッサージは中国に昔からある民間療法「刮痧（カッサ）療法」をもとにしたもので、血流をよくするものです。カッサは朝起きたときや、気が向いたときに数分やっています。顔からデコルテに行っていたカッサマッサージを頭皮にするようになったのは、ニューヨークで韓国人の友人が韓国系美容皮膚科をオープンし、そこでトリートメントの一環で頭皮をカッサマッサージしてくれたのがきっかけでした。

これまでカッサで頭皮をマッサージするという発想がなかったので驚きました。頭をほぐすことで一気にリンパが流れ、顔色がよくなったりリフトアップしたりするだけでなく、目の疲れや肩こりも軽減されました。何より簡単なのにとても気持ちがよく、すっきりできるお得感！　持ちやすいので、力加減がしやすいのもよいです。

カッサは、「アユーラ」のものを15年ほど愛用。現在は進化して形が変わっていますが、初期に出たものを1度使ってみて恋に落ちて以来手放せません。頭皮に使用するのであれば、手頃な価格のものでもかまわないと思います。

こすると頭皮が傷ついてしまうので、頭皮に垂直か斜めに立てて置き、ツボを刺激しながら軽くゆらすようにカッサを動かします。側頭部と頭頂部だけでなく、後頭部や耳周りも一緒にほぐしていきます。

ローラー鍼はあまり聞いたことがないかもしれませんが、ミートハンマーのような感じで突起物がたくさんついていて、肌に当てて転がすことで刺激を与えることができます。もともとは、小児用の鍼治療として使われていたそうです。漢方アドバイザーのなおみん先生にいただいたものを愛用しています。

このローラー鍼を軽く顔や頭皮に当ててコロコロすると、ほんのりチクチクする刺激があります。カッサや指とは違う新しい刺激を感じます。ローラー鍼は、鍼治療の家庭版のようなものなので、全身、足の裏や甲など、手では刺激しづらいところをコロコロしています。

指でのマッサージは、いくつか種類があります。まずは耳マッサージ。耳を引っ張ったり、回したり、餃子のように折ったりして刺激します。これだけで顔の周りが温かくなり、滞っていた何かが動き出すのを感じます。

ほかには、顔と頭皮をつまみます。これも刺激の一種で、皮膚をちょっとだけつまんだり、つまんだまま小刻みにゆらしてリンパを流します。つまみにくい部分は皮膚と筋肉がくっついて突っ張ったり硬くなったりしているそうなので、つまんで軽くゆらしてあげることで、頭皮がやわらかくなり、全身の柔軟性にもつながるとか。

座っているときは、軽く指を曲げ、全指の第一関節で頭皮をグーッと押して、押したまま上下左右にゆらしたりぐるぐるさせます。

マッサージは、顔が一番むくんでいる朝に行うことが多いです。顔を洗ってスキンケアをするタイミングで頭皮マッサージも行い、血行をよくして一日を始めると顔も頭もシャキッとし、その日を気持ちよく過ごせます。

とはいえ朝は忙しかったり、ついそこまで気が回らなかったりするので、日中でも気がついたときに行っています。

日中、同じ姿勢でパソコン作業をする時間が長いので、そんなときに頭皮マッサージをすると頭がすっきりし、作業がはかどります。頭皮マッサージをするだけで顔周りがぽかぽかしてくるので、血行がよくなるのを実感できます。メイクをしているときでも、頭皮マッサージなら崩れることもないので、むくみや顔色が気になったときにさっとできます。写真を撮る前に行うのもおすすめです。

このような自分が楽になれる、その場の不調を改善することができる簡単な方法をたくさん知っていれば、思い出したときにその引き出しの中から合うものを選んで、自分で自分を癒やすことができます。

「膣ケア」で自分とハグ

遅ればせながら、2年ほど前に膣ケアというものを始めました。これがとてもよいのでみなさんにもおすすめしたいです。

フェミニンソープと呼ばれる膣専用のソープがあるのはご存じでしょうか。

実はデリケートゾーンは体の他の部分とpH値が違うので、洗浄力が強い通常の石けんやボディソープで洗うとトラブルの原因になってしまうのです。

日本に住んでいた頃にもフェミニンソープの存在は知っていましたが、何か特別なものという感覚で、実際に使うことはありませんでした。

しかしデリケートゾーンケア先進国と言われるアメリカ。売り場にはフェミニンソープの種類の豊富なこと。とはいえ、もともと自分には無関係だと思っていたので、購入するまでにはずいぶんと時間がかかりました。最初の購入のきっかけは、オンラインショッピングの送料を無料にするための金額合わせでした。

使い始めて、何か特別効果を感じたわけではないのですが、確実に〝変わった〟のです。私の自分の膣ちゃんに対する思いが。「特別なソープで洗ってあげている大切な子」になったのですから。

それからは、大切な膣ちゃんのためにもっとよいフェミニンソープが欲しくなり、オーガニックやナチュラルなものを調べ始めるもこれというものが見つからず……。「待てよ、作れる?･」と思い、作ってみることに。自作のフェミニンソープは、安心できる材料で香りもよく、なんといっても保湿力が高いものができあがり、「膣さまが喜んでいる」そう感じました。

するともっともっと膣さまを喜ばせたくなり、お風呂上がりのボディケアの際に、膣さまにココナッツオイルを塗ってみたのです。

すると、おやまぁ、ぷっくりと潤って、美容に目覚めつつあった膣さまは赤ちゃんのほっぺのようになったのです。このぷっくり感触は衝撃でした。パートナーにもすごく潤ってると言われて、逆に、今まで何も保湿していなかったのが怖くなりました。

そして寝具をシルクパジャマにすると同時にショーツもシルクに切り替えました。シルクはお肌との相性がよく刺激が少ない素材。夏は涼しく冬は暖かいので、赤ちゃんほっぺ膣姉さんもストレスが軽減し、快適に過ごせるようになったのではないでしょうか。そう考えるとなんだかほほえましい。

このように膣ケアをしていると「自分のことを大切にしているなぁ」と実感でき、自分への愛おしさがじゅわぁ〜と溢れてくるのを感じます。膣ケアは自分とのハグなのです。

近年このような感覚を持っていなかったので、膣ケアを始めたことは、私の内面にまでも潤いを与えてくれることになりました。

発酵食品で腸からお肌を整える

「腸活」という言葉が一般的に使われるようになってずいぶん経ちましたね。腸活のメリットは免疫力アップ、睡眠の質アップ、老化予防、肥満予防など様々ですが、美肌作りにも欠かせません。腸内の善玉菌と悪玉菌のバランスが崩れて悪玉菌が増えると、悪玉菌が作り出す有害物質も増え、様々な不調や肌荒れなどが生じてしまいます。そして腸と脳は自律神経やホルモンを介してつながっていて、互いに情報交換をしています。腸の不調がメンタルに影響を及ぼすこともわかってきています。

私の「腸活」はまず、16時間断食を始めました。毎日絶対ではなく、できるときにやろうという気楽な感じで、数年続いています。夜ごはんを早めに済ませ、朝ごはんを遅くするだけでよいという簡単さが自分に合っています。

さらに発酵食品を摂る……だけではなく、作り始めました。なんだか難しそうと思っていたけれど、作ってみると意外と簡単だし、毎日がちょっとだけ楽しく色鮮やかになるんです。我が家で常備している発酵食品をいくつかご紹介します。
※使う器具や容器は殺菌・消毒しておきましょう。発酵時はガス抜きが必要です。

◎コンブチャ

コンブチャは紅茶や緑茶などをスコビー（SCOBY）という菌種で発酵させた飲み物で、乳酸菌や酢酸菌のほかにもビタミンやミネラルが豊富です。美容健康効果が期待できるとして、ニューヨークで置いていないお店はないのではというほど大人気の定番ドリンク。日本でも「紅茶キノコ」としてブームになったことがありました。

私は発酵食品マイスターの友人から株をもらって作り始めました。

コンブチャは紅茶などのカフェイン入りのお茶を作ったら砂糖を加えて冷まし、煮沸消毒したガラス瓶にスターター液をスコビーと共に合わせ入れます。ペーパーナプキンや布巾でふたをして輪ゴムで留め、日光の当たらない場所に置きます。季節により1〜2週間発酵させ、時々ストローをさして味を見ながら、甘酸っぱい酸味とフルーティーな香りがするようになったら完成。漉して、清潔な容器に移し替えて冷蔵保存します。

最初はできあがったものを無糖の炭酸水で割って飲んでいましたが、飲みづらく困っていたある日、思いつきでホワイトロータスティーで割って飲んでみると、とてもおいしい！ それからはお茶で割って飲むことも増えました。コンブチャももともとはお茶ですから、お茶を足すことで味がまろやかになるのですね。市販のコンブチャはハーブの味や酸味が強いこともあるので、飲みにくいと感じている人は、ぜひお茶で割ってみてください。

コンブチャは発酵が進みすぎたり、二次発酵させた場合は酸味が強くなるので、ドレッシングにも使います。

◎発酵玉ねぎ

玉ねぎに含まれるケルセチンという成分は、抗酸化作用が豊富でアンチエイジング効果が期待できます。

発酵玉ねぎの作り方は、とても簡単です。玉ねぎを薄切りかみじん切りにし、ジッパー付き保存袋に入れて、玉ねぎの重量の3％の塩でもみます。塩でもんだ後は、煮沸消毒した密閉容器に入れて玉ねぎがつかるぐらいの水を入れ、落としラップをします。そのままジッパー付き保存袋に水を入れて空気を抜き密閉させてもよいです。そして日の当たらない涼しい場所で季節により1〜6日発酵させ、汁が白濁してきて、辛みが抜けて酸味が出てきたら完成です。清潔な容器に移し替えて冷蔵保存します。

普通の玉ねぎでもいいですが、私は辛み成分が普通の玉ねぎより少なく、抗酸化作用のさらに強い紫玉ねぎを使っています。紫玉ねぎに、塩はヒマラヤ岩塩ピンクソルトを使っているので、見た目がドリーミーでかわいいです。お皿にのせると、この紫がお料理を10倍おいしく見せてくれます。

発酵玉ねぎは、そのままでも食べられますが、塩気が強いので、私はお料理に使っています。スープやカレー、炒め物など、何にでも入れられるし、コクが出てワンランク上のおいしさに！　特に好きなのはバター炒め。発酵玉ねぎのおいしさが最大限に引き出されます。それを両面バターでグリルしたパンにのせて、おいしいチーズ、アボカド、半熟の目玉焼きをのせてブラックペッパーをゴリゴリしたら、もう、最高です。私の中のイタリア人が、すぼめた指先にチュッてやつをやります。チュッ。

◎ザワークラウト

紫キャベツを千切りにしてジッパー付き保存袋に入れ、キャベツの重量の3％の塩を加えてもみます。しばらくすると水が出てくるので空気を抜いて密閉し、上に重しになるものをのせ、必ずキャベツが水気に浸っている状態を保ち、日の当たらない場所で季節により1～10日間おきます。こまめに味を見て、酸味が出ていたら完成。清潔な容器に移し替えて冷蔵保存します。

紫の色が鮮やかな仕上がりで、サラダなどにちょこっとのせるだけで一気におしゃれで食欲のわく見た目に。ニューヨークっぽい色合いだと思ってます。

◎発酵にんじん

にんじんを細切りにし、ジッパー付き保存袋に入れてにんじんの重量の2％の塩を加えてもみます。空気を抜いて密閉し、上に重しになるものをのせ、日の当たらない場所で季節により1〜7日発酵させます。水が出てきて、味を見てよければ完成。清潔な容器に移し替えて冷蔵保存します。

このままでもかまいませんが、私はアクセントとしてクミンやほかのスパイスを少々混ぜて発酵させたり、あとでレーズンやナッツを混ぜることもあります。

◎塩麹

麹と麹の重量の35〜40％の塩を混ぜ合わせ、水を加えてよく混ぜます。保存容器に入れたらふたはゆるめておき、日の当たらない場所に置き、常温で熟成させます。1日1回かき混ぜて、水が減ったら加水し、麹が水に浸っている状態を保ちます。1〜2週間で甘い匂いがしてやわらかくなったら完成です。冷蔵、または冷凍保存します。

調味料として使ったり、野菜を漬けたり、お肉やお魚を塩麹に漬け込んで焼いたり、とにかくなんでもおいしくレベルアップするのですごい。

Part 2

自分と向き合い、私らしさを見つける美髪への道

グレイヘア移行とは、修行である

今では私のアイデンティティのひとつになっているグレイヘア。グレイヘアとは白髪を染めずに活かしたヘアスタイルのことです。しかし長らく「白髪は染めるもの。30代で白髪があるなんて恥ずかしい」という、これまで「一般的」とされていた思い込みが私を苦しめ、自分の答えを出すまでに時間を要しました。自分の幸せや自己受容を後回しにして、他人軸で縮こまっていたのです。

だからグレイヘアへの移行は、ただ白髪染めをやめてグレイヘアにするという見た目の変化だけのイベントではありません。「自分の弱さや未熟さと向き合い、認め、受け入れていく精神の修行」なのです。グレイヘア移行を通して得た学びや気づきは私の内面を大きく成長させてくれました。

「〇代はこの見た目であるもの」「女性はこうあるもの」という、誰かが決めただけなのに浸透してしまっている基準になんとなく合わせるのではなく、一度立ち止まって、「自分はどうしたいのか」「自分はどうすれば幸せなのか」を自分に問いかけ、考え、選択していくことがすごく大切なのだと気づきました。この問いかけは美の基準の話だけではなく、日常の様々な場面で応用できます。

ニューヨークで生活して様々な文化や価値観に触れていると、自分を含めて、日本人は自分を犠牲にする生き方が染みついているなと感じます。日本人として理解できますが、結局我慢ばかりしていることで、やりたいことをやっている人を見ると「私はこんなに我慢しているのに」という無意識下の気持ちからイライラ、批判、嫉妬、攻撃が生まれているのではないでしょうか。

「こうしなければならない」と自分に課していることが、本当は「やりたくないこと」であるかもしれない、禁止していることが、本当は「やりたいこと」であるのかもしれない――。こう意識してみると、自分がどうなりたいのかが見えてくると思います。

そんな自問自答を繰り返して、私は「白髪染めを繰り返し、不安と焦燥と共に生きるのは終わりにしたい」という気持ちを明確にし、「グレイヘアは美しい」と決め、グレイヘアジャーニーの始まりを迎えることになるのです。

「グレイヘアは美しい」と決めるのは、他人ではなく、自分。

誰かが決めた美しさを基準にして悩んだり諦めたりするのではなく、「自分の美しさは自分で決める」と「決める」のです。時間はかかりましたが、この考え方ができるようになって、私は人生の見え方が一変しました。

私のこの経験が、今グレイヘアやエイジングで悩んでいる方のインスピレーションになればとてもうれしいです。

私だけのグレイヘアに辿りつくまで

あれは10年程前、ニューヨークに移ってすぐの頃、地下鉄でグレイヘアの女性が私の向かいに座っていました。彼女は恐らく50代ぐらいで、パッツン前髪のボブにモードとカジュアルミックスのブラックコーデ。あまりにかわいくて、すべてが理想的で、「私もいつかこうなる！」と具体的な将来のビジュアルが見えたことを覚えています。偶然目にしただけの女性ですが、私のその後の選択に大きく影響を与えることになります。

しかし、その頃の私はまだアラサー。「まだ早いから、ああするとしたら45歳くらいかなぁ」なんて考えていました。

実は、27歳の頃に、当時結婚すると思っていた彼と別れた後、急に白髪が目立ち始めました。母も白髪が生え始めるのが早かったそうなので、遺伝的なものもあると思いますが、タイミング的に、別れによって味わったそれまでに感じたことのないストレスや絶望感は、原因のひとつになったのではと思います。

部分的ではあるものの、白髪が生えているという事実は私の心に大きなショックを与えました。それ以来、美容院で白髪染めを混ぜたものでカラーリングしてもらったり、アメリカには日本からまとめ買いし白髪染めを持っていったりして、染めていました。

しかし白髪染めをしてもハッピーなのは1週間だけ。すぐに根元に白い部分が顔を出し、主張し始めます。不安と焦りを白髪用のマスカラで隠して和らげていました。「これはいつまで続くんだろう」と、本当にストレスでした。いや、この頃はほかの選択肢を持っていなかったので、自分がこの永遠に続く白髪染めのループからどれだけのストレスを受けているのか、本当の意味では理解できていませんでした。

ところが、タイミングは予期せぬときに予期せぬ形でやってくるものです。

2020年、パンデミックでニューヨークはロックダウン。ルームメイトの彼以外には誰にも会わない日々が始まり、誰にも会わないので白髪を染める理由もなく、そのままにしていました。買い物やエクササイズで外に出るときにはキャップをかぶったりターバンやスカーフを巻いたりしていたので、自分自身特にストレスを感じることもなく数ヶ月が経ち、気づいたらある程度グレイが伸びている状態になっていました。すると彼がそのスタイルを「すごくかっこいい」と褒めてくれて、「そのまま全部グレイヘアにすれば？」と言ってくれたのです。

「私だってそうしたい」「でも今の自分の歳でそれってどうなの？」「周りの反応が怖い」……。そんな声が脳内を駆け巡りました。と、同時にあのとき、電車の中で見かけたグレイヘアのかわいい女性が何度も頭の中をチラつきました。

当時、50代、60代で素敵なグレイヘアの女性は少しずつメディアで取り上げられるようになり始めていましたが、30代でグレイヘアを楽しんでいる日本人やアジア人のロールモデルは見つけられていませんでした。今の自分がグレイヘアに移行したらどうなるのかのイメージがつかず、なかなか踏み切れずにいました。気持ちさえ踏ん切りがつけば、もう私のグレイはここで待っているのに。

「私はどうしたいの？」
「どうしてそんなに周りの目が気になるの？」
「白髪があると思われるとなにが起こるの？」

「髪を染めていて見た目が若いとどんなメリットがあると感じているの？」

「なにか言われたとしてそれは私の問題なの？」

自分への問いかけと葛藤は毎日続きました。

悩む私に、彼は「じゃあグレイを派手色にするのはどう？」と提案してくれましたが、「派手色は自分らしくない」とそのときは却下しました。


ちょうどその頃、私はずっとやりたいと思っていたスケートボードの練習と自身のYouTubeチャンネル『ASOBO TV NEW YORK』をスタートしました。ある程度スケボーで滑れるようになった頃、街乗りして遠出する様子を撮影することに。動画用にかわいいヘアスタイルにしたいと思い、ひっつめしてグレイがでている部分にワンデイのピンクのヘアマスカラを塗りました。それが、なんとかわいいこと！　何よりそれによって自分の気分が高揚し、自信を持てたのです。

それがきっかけで一度は却下した「グレイに派手色」案を実行してみることにしました。まだそのままのグレイヘアにする決断はできないけど、白髪染めをやめてグレイヘアだからこそできることをやってみよう。そんな小さくも大きな第一歩を踏み出したのです。

私が選んだ色はピンクよりのパープル。ニューヨークで所属していたバンドでの私のイメージカラーはパープルだったので、自分の雰囲気や顔色とマッチすることがわかっていたからです。そして通常のカラー剤ではなく、グレイにも色が入るといわれるヘアマニキュアを選びました。

ヘアマニキュアを塗布するのはグレイが伸びた部分のみ。逆プリンのようなカラーリング方法はスケボー旅の撮影時に試した方法からアイディアを得ました。色素がないグレイヘアだからこそ色がきれいに入るし、暗い色で染めて存在を消してしまうのではなく、それを活かして楽しんでいくことができるので、グレイヘアを肯定している気がして気分は晴れ晴れしていました。

それまでYouTubeチャンネルで自分の白髪事情についてはまだ話していませんでしたし、話すことも考えていませんでしたが、なんとなくカラーリングしている様子を撮影しました。そのときに「これからはグレイヘアを隠すのではなく活かす時代だ」と話しました。

撮影したものの「これは誰も見ないだろう」と思っていたので、公開するつもりもなかったのですが、始めたばかりでまだチャンネルの方向性は模索中。やはりこの動画もあげてみることにしました。でもこれを動画として公開すれば、友人たちに私が白髪染めをしていたこと、グレイがあることを知られてしまう。まず第一の恐怖が襲ってきました。数日悩んだ末、深く息を吸って、「いけっ」と公開ボタンを押しました。

すると、友人たちからは共感の声が届き、動画をシェアしてくれるようになりました。グレイヘアに悩んでいるわけでなくても、女性にとって「年齢を重ねること」への漠然とした不安はどんな人の心にも存在しているのかもしれません。そして、日を追うごとに、少しずつですがその動画の再生回数が増えていき、同じ悩みを持つ女性たちから「素敵です」「私も悩んでます」「勇気をもらった」「さっそく美容院を予約した」などのコメントがつき始めました。

「仲間がいる」「ひとりじゃない」

そう感じてきゅっと縮んだハートが温まってゆるくなったのを覚えています。私の動画を見ることで、同じ悩みを持った誰かの心が軽くなるのなら、もっとグレイヘアの発信をしよう！　と考えるようになりました。

3回ほどヘアマニキュアで根元を染めることを楽しんだのち、またしばらく人に会うことがない期間がやってきて、私は再度、グレイを育て始めました。

すると、私が私に囁きます。「今度こそ本当の意味でグレイヘアを受け入れるチャンスなんじゃないの？ このままでいいの？」と。

自分自身の持つ恐怖心、周りの人にどう思われるのか、どう扱われるのか。

結局のところ、私は変われていなかった。相も変わらず、他人軸で生きていたのです。グレイヘア動画にコメントをくれた人たちの声を思い出し、「私がやらなきゃ誰がやる」と、なにか責任感のようなものが生まれつつも、恐怖心との折り合いがつかないまま時間だけが経っていきました。

答えが出ないので、もうヘアサロンに行って相談しながら決めようと、いつもカットをお願いしているお友達のホームサロンに行きました。何かカラーすることやハイライトを入れることも視野に入れつつ、ひとまずいつものように顎のあたりでボブカットにしてもらうと、以前根元だけパープルに染めていた部分が、今度は毛先にきて、わざとそのようなデザインをしたかのようになりました。そのお友達と「いいね！ いいね！」と興奮しました。

そんな奇跡のような偶然が起こったことで、なにか特別な施術をすることもなく、自分でも予期しない形でグレイヘア受け入れの瞬間を迎えました。それまでもそれからもまたいくつかのステージがありますが、これが本当のグレイヘアジャーニーの始まりと言えるでしょう。やっと、あの電車の中で見かけたグレイヘアのかわいい女性のところまでこれたのかな、と感じました。あの女性に会えていなかったらこのような決断はできていなかったと思います。


実際、白髪染めをやめてみると、私の心は羽が生えたかのように軽く、自由になりました。パーっと音が聞こえるくらい。白髪染めをやめてみて初めて、白髪染めをしていた頃の自分がどれほどストレスや不安を感じていたかわかりました。染めても一週間しか続かない安心感や永遠に続くようなループ。隠すことで生まれる不安と焦燥感。これはやめてみないと気づけないことだと思います。

「私が感じたようにもっとたくさんの女性たちに心を軽くして羽ばたいてほしい！」という想いが、私にグレイヘアの発信をさせる大きな理由です。

グレイヘア×ハイライトでハッピーな移行期間を

話は少々前後しますが、コロナ禍のロックダウンをきっかけに白髪染めをやめて、奇跡のような偶然の重なりでグレイヘアに移行できた私ですが、そこからすぐに100％自信を持って過ごせていたかというと、そうではありませんでした。

帽子なしで外に出れば人の目が気になって、自分の中にある不安とはまだ完全に決別できていませんでした。

そんなある日、私を背後や横から撮影した動画を見て、自分が思っていた以上に白黒がいり混じる、いわゆるソルト&ペッパーになっていることを知り、「想像と違う……」とショックを受けました。それにより完全移行をするには自分はまだ心の準備が整っていないと気づいたので、移行前からやろうかどうか悩んでいたハイライトを試してみることにしました。

いつものホームサロンに行き、相談しながらハイライトを入れてもらうと、最初こそ慣れない明るい髪色に少し照れくささがありましたが、地毛、グレイヘア、ブロンドの3色になって、すぐに自分がグレイヘアだということ自体忘れてしまうほど気分が変わりました。

ブリーチしただけの黄色みが気になったので、「マニックパニック」というナチュラルカラー剤のエイリアングレーという色を使って色をのせました。すると、地毛、グレイヘア、ブロンドそれぞれが違う色味になり、立体感も合わさってとてもきれいな仕上がりに。グレイヘアを生かしながらカラーを楽しめる方法をまた発見しました。本来マニックパニックはグレイヘアには色がのらないと記載されていますが、数日間はグレイヘアにのったカラーを楽しむことができます。

ちょうどこの頃、ニューヨークの道端で、通りすがりの女性が「あなたの髪、今まで見た中で一番素敵！　ほんとに最高よ！」と叫びながら伝えてくれたことがありました。彼女は一緒にいた男性に取り押さえられるように去っていきましたが、あの興奮具合から想像するに、もしかするとその女性もグレイヘアで悩んでいて、私を見て、悩みを突破する可能性を見つけたのかなと思いました。私自身も彼女が伝えてくれたことで勇気づけられたし、こんな風に女性が女性をお互い勇気づけたり、勇気づけられたりする輪がもっともっと広がっていくといいなと思いました。

ハイライトを入れた特典は見た目がよくなっただけではありませんでした。なんとそれから5ヶ月半もの間サロンに行かなくても、新しく生えてくるグレイのことなどなにも気にせず過ごせたのです。白髪染めをしていた頃は、1週間ほどしか続かなかった「なにも気にせず過ごせるハッピー期間」が、ハイライトを入れただけで5ヶ月半に延びた……これは私の中では空前の大革命でした。

それからもう一度ハイライトを入れてもらい、その後も7ヶ月はそのままいい気分で過ごせました（これは私がめんどくさがりなのも大いに関係していますが）。

そのときはさらに白っぽいハイライトを入れてもらったので、その後マニックパニックなどを使うこともなく、そのままでもきれいな髪色でした。かなり強力なブリーチ剤を使うので、元の髪が健康だったからこそできたし、多少傷むので万人向きとは言えないですが、このときのハイライトは一番きれいでかっこよくてお気に入りでした。
このハイライト期間、グレイヘアのことを全く気にすることなく過ごせたことで、私はハイライトなしのそのままのグレイヘアを受け入れる準備ができました。ハイライトは見た目をグレイヘアと馴染ませてくれるだけでなく、心まで馴染ませてくれたのです。これは私にとってとても大事な、必要なプロセスでした。このプロセスを経て、心から自分の、自分だけのグレイヘアを祝福できるようになりました。

グレイヘア移行に踏み切れない方には、このようにハイライトを入れるとストレスを感じずにグレイの部分を育てられ、今までと違った気持ちで過ごせるのではないかと思い、おすすめしています。ある程度グレイヘアを育てられた方には、初期の私のように根元だけカラーを入れるのも、その後の毛先まで下りる過程まで楽しめるのでおすすめです。グレイヘアへの移行期間は、手抜きしているように感じて自分でも気分が下がりやすいので、自分の好きな色を入れたり、ハイライトを入れて遊んでみると楽しく過ごせます。

そしてここまでくることができたのは、あの電車の中で見かけたグレイヘアのかわいい女性の存在が大きいです。彼女に出会ったから、彼女がかわいいグレイヘアの可能性を見せてくれたから、このように選択してくることができました。本当に感謝しています。

グレイヘア移行に関して、ロールモデルを見つけるというのはとても大事だと思います。自分が持っている思い込みの「グレイヘア像」をぶち壊して新しい選択肢を与えてくれるし、「こうなりたい」と直感的に思ったときの行動力はみなさんもご存じでしょう。最初は誰かの真似から入ることは、どのジャンルにおいても成功への近道です。

「私がきっかけでグレイヘアに移行できた」と伝えていただく度に、私があの女性がいたから導かれたように、誰かにとって私がその存在なんだと考えると、背筋がピンと伸びます。

元気でまとまりやすい髪を手に入れる「湯シャン」

ニューヨークに住み始め、２０１４年頃、バイリンガルニュースという有名なポッドキャストで、パーソナリティの女性が湯シャンをしているというのを聞きました。彼女は「フランス人の髪の毛がしっとり無造作でいい感じなのは、毎日洗わないからだ。高いオーガニックシャンプーの消費も抑えられる」と話していて、私は髪がボワッとするタイプだし、オーガニックシャンプーにお金をかけていたので、それはいいなと思い、まずはシャンプーを2～3日に1回にするというのを続けてみることにしました。じつは20歳前後にヘアエクステをつけていた時期があり、毎日髪を洗わなくても平気という免疫ができていたので問題なく続けられました。しかし、このときは回数を減らして慣らしていっている段階で、本当に湯シャンを始めたのは、それからずいぶん経った２０２２年でした。

湯シャンでまず気になるのはニオイ。ですが、改めて湯シャンについて調べてみると、シャンプーは洗浄力が強く皮脂を落としすぎてしまい、それによって皮脂が過剰に分泌し、ニオイの原因になっており、湯シャンを始めると皮脂の状態が落ち着き、半年ほどでニオイはしなくなるとのこと。これは一度、シャンプーを絶って、本気の湯シャンに挑戦してみなくては！　と始めてみることにしました。

やり方は、ぬるま湯のシャワーを当てながら、ひたすら指で頭皮をもみ洗いします。シャンプーを使うときよりも数倍の時間をかけて頭皮を丁寧に細かく洗っていきます。最後に、髪も含めた全体を流して終わりです。

「今日もいけるな」「お、今日もいける、な……？」という感じで一日一日継続日数が増えていき、半年ほどシャンプーを使わず湯シャンで過ごしたのですが、ニオイは気になったままでした。おかしいな、でも頭皮のニオイではない気がする…これはあまり清潔にしていない脂っぽい人のニオイ。ある日ふと思い立って、頭皮にはつかないように、髪の毛だけをシャンプーで洗ってみました。

すると、ニオイがなくなりました。気になるニオイは頭皮ではなく髪からだったのです。もしかしたら髪を乾かす際に毎日オイルをつけていたので、そのオイルが酸化したり外からの汚れやニオイがつきやすくなっていたりしたのかもしれません。それ以来、基本は毎日か2日に1回の湯シャンにして、ニオイが気になるときは髪だけシャンプーをするようにしています。髪だけシャンプーは、多いときは週1回のときもあれば、ひと月しないこともあります。

湯シャンで香りがほしい場合、私は香水を手首につけて体の脈うつところに移した最後に、髪にさらっと手首をあてています。髪に向かって直接香水をかけると香りがつきすぎて、自分も周りの人も不快にさせる可能性があるので、ついでにちょっと香りが移るくらいが大人の粋。もしくは、エッセンシャルオイルが薄く混ざっているアロマスプレーで直接スプレーしても程よい香りになります。

この生活を3年ほど続けていますが、髪の状態はとてもよく、髪の毛にコシが出てまとまりやすく、元気になりました。とくに私は、シャンプーをすると次の日は髪がふわふわになってなかなか思い通りにセットできずにいたので、自分には湯シャンが合っていると感じました。湯シャンは乾燥～普通肌、シャンプーが合わない人に向いているので、私自身、適正はギリギリＯＫというところです。

動画で湯シャンの結果を配信するという目的があったので、動画を出してからはシャンプーする回数は増えました。シャンプーするのは髪だけのことがほとんどですが、たまにリセットする意味で米ぬか洗顔料で頭皮も洗います。ニオイや触り心地など、不快に感じたら洗うので、それが自分に無理のない湯シャン法なのかもしれません。

湯シャンは、体質や髪質、生活スタイルなどにより相性があると思うのですが、試すだけなら今日からでもできるので、一度は試して、髪の変化を見てみてほしいなと思います。合わないと思ったらやめたらいいだけなのでね。「無理をしない、いつでもやめていい」と思っておくことが長く続けたり、自分に合う方法を見つける秘訣です。

年齢を重ねると、あれもこれもとプラスのケアをしがちですが、思い切ってマイナスしていくと新たな発見をすることが多々あります。

手作り米ぬか洗顔料とお酢の驚くべき美髪効果

34ページで紹介した米ぬか洗顔料は、髪を洗うときにも活躍します。これが、すごく気持ちがいいのです。

髪をブラッシングしてからお湯で予洗し、髪を分けて、分け目に米ぬか洗顔料をのせ、地肌をやさしくマッサージします。それを分け目を変えて繰り返し、最後に流します。すると、本当に頭皮と髪が生まれ変わったようにすっきりします。これはシャンプーでは味わえないすっきり感。なんとも不思議です。

その後は、洗面器にお湯を入れてお酢大さじ1~2杯を加えます。そこに髪を浸したりかけたり、そして頭皮もマッサージします。時間があれば数分おいてから、しっかりと流します。これで、頭皮がすっきりさっぱりし、髪がツルツルさらさらになります。嘘のようなほんとの話。傷んだ髪はアルカリ性に傾きがちなので、お酢の力が弱酸性に戻してくれるのだそう。

長らく酢リンスの存在は知っていましたが、初めてやったときは「うそでしょ……」とトリートメントボトルを捨てそうになりました。私はりんご酢を使っていますが、砂糖や添加物が入っていなければどのお酢でもよいと思います。私はまだ試していませんが、美容効果が高いのは黒酢だとか。しっかり流せばお酢のニオイは気になりません。心配な方は、香りの優しいりんご酢にするか、クエン酸やレモン汁で代用できます。

米ぬか洗顔料を作るのが面倒なときは、重曹をお湯に溶けば重曹シャンプーになります。なんとお手軽。40年間も疑うことなくシャンプーとコンディショナーを使わないといけないと思い込んでいたけれど、それがこんなシンプルなもので事足りてしまうなんて！　これにはかなり驚きました。

重曹シャンプーは、洗面器に大さじ1程度の重曹を入れ、人肌ぐらいのお湯を注ぎ、重曹をとかしてから地肌をマッサージするように洗います。

米ぬか洗顔料や重曹シャンプーは洗うときにキシキシ感があるので、シャンプーの泡で洗ったほうが指通りはよいです。しかし市販のシャンプーで安いものはシリコンやアルコール、合成界面活性剤など、髪によくない成分が色々と入っていますし、人によっては、それが頭皮トラブルの原因になることもあります。シャンプーを使わなくても、重曹とお酢でも十分な美髪になれるので、だまされたと思って一度試してみてください。バスルームにあるシャンプーやトリートメントのボトルを捨てたく……はならなくても、横目で見つめてしまうかもしれません。

重曹は食品グレード、クエン酸は食品添加物グレードを使用し、初めて使う場合はパッチテストを忘れずに。

お家でサロンレベルのスペシャルトリートメント

ニューヨークではここ数年、「オラプレックス」というアメリカの科学者が作ったサロン商品がとても人気です。ニューヨークでは色々なところで目につくし、アメリカ人のルームメイトが使っていたり、友人が使っていたりと愛用者も多く、長い間気になっていました。

ところで、こんなにも人気なオラプレックス商品。何がすごいのでしょう？
じつは髪が傷むのは、ヘアカット、パーマやカラー、タオルやブラッシングなどの摩擦、紫外線などにより切断された髪をそのままにしていると、その部分が酸化をして髪のダメージを引き起こすのが原因。そこで、ジマレイン酸という成分が切断された髪の断面のタンパク質を再結合して、髪の毛の構造から修復をする、という考えがオラプレックスの商品の特徴です。

何を使ってみようか調べてみると、トリートメントするチャンスの少ない湯シャンの人にはシャンプー前のプレトリートメントに「No.3ヘアパーフェクター」、アウトバストリートメントに「No.6ボンドスムーサー」がよさそうです。

No.3は、シャンプー前の濡らしてタオルドライした髪に、根元から毛先まで塗布してマッサージします。そしてヒーティングキャップというレンジでチンして温めたものをかぶって、10分以上放置して浸透させてから洗い流します。その後、シャンプー、トリートメントをします。No.3をしてから米ぬか洗顔料で髪を洗うと、翌日、水分不足によるふわっと感もなくいい感じにしっとりとします。こちらはシャンプー後に揉み込んで、その上にコンディショナーやトリートメントを重ねて3分以上おくと効果が高いので、そのような使い方もでき優秀です。

本来、週に1~2回のスペシャルトリートメントですが、私は湯シャンをしているので頻度はもう少し低いです。

No.6はクリーム状のアフターバストリートメントで、髪をシャンプーした日、タオルドライ後につけることで、しっとりサラサラ質感になり扱いやすくなります。No.6は他のヘアケアにはないような柑橘系の香りで、すごく幸せな気分になります。子どもの頃アメリカ雑貨屋さんで買ってお気に入りだったグレープフルーツのウッドポプリの香りに似ているんです。

エイジングでハリ・コシ・ボリュームや艶がなくなった髪のケアにもぴったりなので、自宅でのスペシャルケアとして常にバスルームに置いておきたいアイテムです。

湯シャンを始めてから、特にシャンプーはナチュラルなものであればそこまでこだわりがなくなっていたのですが、美容師の友人に「一番こだわったほうがいいのはシャンプーだ」と聞いて、一変。ちょうど、ドライヤーとヘアアイロンも新調し、グレイヘアは艶が大事だと改めて感じ、「髪をもっときれいに、ツルピカにしたい！」という気持ちが高まっていた頃だったので、髪をきれいにしてくれて、やさしいシャンプーを探すことにしました。

そんなときに漢方アドバイザーのなおみん先生が愛用品として紹介していたのが、「oggi otto」の「インプレッシブPPTセラム&セラムマスク」という名のシャンプー&トリートメント。実際になおみん先生の髪はとてもきれいなので、はやる気持ちを抑えきれなくなった私は、すぐに取り扱いサロンを調べ、次の日にはoggi ottoのセラム&セラムマスクを手に入れました。我ながら美容でしか出てこない行動力です。

早速使ってみると、高濃度美容液で洗うというだけあって、洗い上がりからツルッツル。トリートメントもサロンでやってもらったみたいに髪がしっとり、よい重みが。乾かすと髪にこれまで見たことのない艶と、感じたことのないツルツルな触り心地が出現。まるで自分の髪じゃないみたいで、何度も触れて鏡を見ては「髪が！　ツルッル！」と叫んでいました。そのくらい驚いたoggi otto。洗えば洗うほど髪がきれいになる魔法のシャンプー。ついに出会ってしまいました。

oggi ottoのシャンプーの使い方のコツを美容師さんが教えてくれたので紹介します。まず湯シャンのように数分かけてよくすすぎます。そしてワンプッシュのシャンプーでよく泡立つようになるまで、洗い流してを繰り返します。このときに湯シャン派の私はなかなか泡立たないので、先に重曹シャンプーをしてから、oggi ottoのシャンプーをしています。ワンプッシュでよく泡立つようになったら、少し放置してから流します。これらのポイントをおさえておけば、髪がツルピカに。

オラプレックスと合わせると、髪をツルピカにするために必要な戦士は全て揃った！と言えます。湯シャンは心地のよい範囲で続けつつも、シャンプーデイにはしっかり髪に栄養を入れてあげる。それが今の私のヘアケアスタイルになっています。

Part

3

一番の味方になる
体との付き合い方

美容に効果ありの食品が一気にとれる秘伝レシピ

ここ数年、日本ではオートミールが健康・ダイエット食品として注目されていますね。オートミールは糖質控えめで低GI食品、植物繊維たっぷりで、鉄分・カルシウムなどミネラルが豊富、さらにタンパク質も入っている、という美容面でも健康面でもバランスの取れたスーパーフード。

キラキラスーパーフードのオートミールですが、アメリカではトラディッショナルな朝食として昔から食べられているものです。そんな知識もないカリフォルニア留学生時代、オートミールはシリアルの一種だと思い、ヨーグルトにかけて食べていましたが……。そんな無知な期間を経て、ホテルの朝食を利用して正しいオートミールに挑戦するも、「なにこれぇ」状態。きっと日本人でない人が納豆を食べるような感覚なのでしょう。それからはスーパーで見かけて、どんなにかわいいパッケージが訴えかけてきても目を合わせないようにしていました。

しかしSNSの影響でオートミールの健康効果やかわいい作り方が目に付くようになってきた近年、そういうものが大好きな私がやらないわけがない！

オートミールは加熱してドロドロにして食べるのが一般的ですが、冷蔵庫で一晩水か植物性ミルクに浸しておく「オーバーナイトオーツ」が私の定番です。加熱したオートミールのねばねばした食感が苦手な方は、ぜひ試してみてほしい。オートミールの食感がきちんと残り、日本人にも食べやすくなると思います。

以前は冷たい状態のオートミールにヨーグルトとバナナを入れて食べていましたが、ヨーグルトとバナナは体を冷やすとも言われているので、朝、お気に入りのレシピで仕込んでおいたオーバーナイトオーツを、電子レンジで1分～1分半くらい温めてから食べるようにしています。ねばねばになる手前で加熱をやめるのがポイントです。

オーバーナイトオーツには、その時々で旬のフルーツをプラスしたり、好きなナッツをプラスしたり変化させて楽しんでいます。メイソンジャーやかわいい透明のグラスにオーバーナイトオーツの材料を層にして入れると、見た目も華やかになり、うきうきしながら食べられます。

とはいえ、どんなにおいしくてもかわいくても、大変なことはなかなか続きません。そこで私は2日分をまとめて作って冷蔵庫に入れています。夜忙しいときは、とりあえずオートミールとチアシードだけ水か植物性ミルクに浸けて冷蔵庫に入れておけばOK。その他の材料は翌朝食べるときに入れます。

これまで朝食はグリーンスムージーやシリアルなど、そのときどき年単位で変わったりしてきましたが、今はこのオートミールがお気に入りです。

オーバーナイトオートミールパフェの作り方

【材料】(1食分)

オートミール…50g
チアシード…大さじ1
水かミルク系(オーツミルク、豆乳、アーモンドミルク、牛乳などお好みで)…オートミールがかぶるぐらい

ヨーグルト…大さじ2（お好みで）
ターメリック…4振り
シナモン…4振り
熟れたバナナ…小1本または大1／2本分（輪切り）
ブルーベリー…大さじ2
いちご…1〜3粒
スライスアーモンド…大さじ2
ダークメイプルシロップ…ひとまわし
フラックスシードパウダー…大さじ1（お好みで）
美肌&うる髪ペースト（25ページ）…大さじ1

【作り方】

1．ふた付き容器にオートミール、チアシードを入れて、水かミルク系をオートミールがかぶるぐらいそそぐ。

2．残りの材料を層になるように重ねて入れ、冷蔵庫で一晩置く。お好みで、電子レンジで1分〜1分半あたためて食べる。

月経の憂鬱の乗り越え方

ここ2〜3年、年齢のせいもあるのか、急にPMSがひどくなりました。

身体的なことよりもメンタルが大変なことになります。イライラや落ち込みが激しく、周囲の人に嫌われているような気までしてきて、この世の終わりのような気分になります。生理の2週間くらい前から落ち込みが始まり、生理が始まるとスッと元気になるのですが、今度は生理痛との闘いですよね。市販薬でも飲めばよいのでしょうが、できれば薬に頼りたくないという思いがあり、ついつい我慢してしまうので、痛みが完全に登場してから飲んでもなかなか効かず、のたうちまわることもしばしばありました。それから1週間程でまた排卵期から生理前の落ち込みが始まるので、1ヶ月の3／4は憂鬱な状態。それまで生理痛以外にあまり悩まされてこなかったからこそ、突然の変化に戸惑っていました。

そこで、生理痛やPMS対策に薬以外のオプションを持っているといいのかなと思い、近年はＣＢＤ（カンナビジオール）オイルとＣＢＧ（カンナビゲロール）オイルを利用しています。

ＣＢＤとＣＢＧは、どちらもヘンプ（麻）に含まれている成分です。麻というと違法薬物のイメージがありますが、ＣＢＤとＣＢＧには中毒性がなく、大麻の主成分であるＴＨＣが含まれていなければ、日本でも規制の対象にはなりません。

効果はそれぞれ少し違います。ＣＢＤは深いリラックス作用が得られることで知られています。ＣＢＧのほうが希少性が高いために値段も高いのですが、リラックス効果に加え、抗菌作用、炎症や痛みの緩和などの作用があります。私は生理前の憂鬱なときや痛みが出そうなときに、ＣＢＤオイルとＣＢＧオイルを一緒に摂るようにしています。すると気持ちが落ち着き、痛みや落ち込みが緩和されることがあります。

摂取の仕方は、舌の裏の部分にスポイトでオイルを2～3滴（濃度による）たらし、そのままとどめて吸収させる舌下摂取という方法です。これが一番早くよりよい効果が得られると言われています。

私が愛用しているものは「Naturecan」の公式サイトで購入できます。メーカーによって質が全く違うので、信頼できる会社のものを選ぶのが重要です。初めて使う方は、濃度の低いものを少量から始めて様子を見てください。

また、使用する生理用品も変わってきました。20代半ばから布ナプキンに興味を持ち、家にいるときは布やそれ用のミニタオルでナプキンの代用をするなどしていたのですが、ニューヨークに移ってからは生理用品として月経カップと吸水ショーツを使っています。

私はニューヨークに移ったときに、アメリカの生理用ナプキンの品質が悪い上に値段も高いので買わずに過ごしたいと思ったのが月経カップを使うきっかけでした。とはいえ毎月使用するようになったのは月経カップのコツをつかんだここ数年。月経カップでの一番の心配はつけ方を失敗して漏れることだと思いますが、昨年からは吸水ショーツを併用しています。ナプキンのような不快感はなく、漏れる心配もないので、とても快適になりました。本来、両方とも単体で使うことを目的としたものですが、併わせることで私のニーズと一致しました。ちなみに、実際私が月経カップを使ってみて不安だったのは、漏れではなく取り出すことでした。体内で密閉状態になってどうにもこうにも取り出せないことが時々あったからです。カップを挿入することは簡単でも、取り出すコツをつかみ、取れないかもしれないという不安から解放されるまでにはずいぶん時間がかかりました。でも膣を開くように下腹に力を入れ、押し出すようにするとカップをうまく取り出せるようになり、ストレスなく毎月つけられるようになりました。少し練習が必要ですが、コツさえつかめばこんなに便利で地球にもお財布にもやさしい生理用品はありません。

嬉しいことに月経カップを使ってから生理が短くなり、4日目にはほぼ経血が出なくなりました。これには驚き。友人も同じように言っていたので、これは月経カップのメリットのひとつと言えるでしょう。そして日中や就寝時の漏れる心配、替えを持参したかの心配、不快感などから解放され快適です。

環境によっては日中に月経カップを交換しづらい方もいると思いますが、最大12時間はつけていられるので、朝、家でつけて、夜、家で外すことも可能です。まずは休日自宅で過ごすときや就寝時から、少し慣れてきたら、あまり経血量の多くない日や、使い捨ての月経カップで外出を試してみると始めやすいと思います。

月経カップは、使用前後に煮沸消毒が必要なので、使っていないマグカップを1つ月経カップ用として用意し、お湯と月経カップを入れてレンジで10分煮沸し、自然乾燥してから使っています。近年は専用の洗浄グッズが売られていますし、お鍋で煮沸消毒もできます。

日々の養生もとても大切です。日常で体を冷やさない工夫をしたり、お風呂に浸かったり、適度に運動することはもちろん、私の体質的に足りていない部分を補う食材を摂ったり。それでも冷えてしまうし、生理痛になることはあるけれど、そうなってから慌てて何かするのではなく、日々の生活の中で中医学の考えを取り入れて意識しながら生活していくことで、少しずつ改善していきたいと思っています。

まず、自分がどの体質に当てはまるのかチェックしてみると、どのように養生と食養生していくかがわかってきます。漢方アドバイザーさんに相談してみると、より詳しく正しい情報が得られるのでおすすめです。

最後に、ホメオパシーもお守り的に使っています。

ホメオパシーは、本来、体に備わっている自己治癒過程に働きかけ、病気の人が全体のバランスを取り戻し回復していくという考えで、「同じものが同じものを治す」という原理に基づいていています。抗体を作って治していくというとわかりやすいと思います。摂取の仕方にも細かい指示があり、一人一人の状態を見て処方されるという流れは、日本で言うところの漢方薬のような存在だと思います。

アメリカに留学したての頃、ドラッグストアに大量に並ぶホメオパシーの小さなボトルに？？？マークが浮かびました。名前は聞いたことがあるけど、こんなに普通にどこでもあるものなのかと驚きました。

アメリカでは「Boiron」社のものが一番流通していて、生理痛用のものをお守りで持っています。ナチュラルなものに詳しい方におすすめされ、そこのインフルエンザや風邪の症状の緩和を目的として使用されている「オシロコシナム」を使ってみたところ、体調が悪化せず助かったので、そこのブランドを信用しています。他にも喉の痛みや不眠のものも試しました。

気軽に薬を飲みたくなくて、ホメオパシーに興味がある方は、オシロコシナムから試してみるとよいと思います。日本でもネットで購入できます。金平糖の味みたいでおいしくて飲みやすいし、常備しているくらい気に入っています。

実際に、これまで紹介したことを実践していることで、生理痛に関しては改善している実感があります。ＰＭＳや排卵期の憂鬱はホルモンのバランスが関係しているので、なかなか簡単に改善とまではいきませんが、これからも自分の体と向き合って少しでも楽になるようにしていきたいです。女性にとって月経は閉経のときが来るまで切っても切れない関係。なるべく心地よく、気楽に過ごせたらいいなと思っています。ありがたいことに今は月経アイテムにもたくさんの選択肢があるので、「生理がつらくて不快なだけの期間」にはせず、自分をいたわる期間にしていきたいですね。

手放せなくなった〝眠りの神アイテム〟

質のよい睡眠が美容と健康に欠かせないことは痛いほどわかっていても、眠れないものは眠れない。不眠症はとてもつらいものです。

私は、子どもの頃はどこでも眠れる子だったのですが、18歳ぐらいから不眠症になり、かなり長い間悩んできました。そんな私が、いろいろなアイテムを試してきた中で、「これはよかった！」という〝眠りの神アイテム〟を紹介します。

耳栓

私は自分で成形できるシリコン素材の耳栓を使っています。耳の穴を埋めるというより、ふたをする感じなので、耳栓をつけている感覚がないのに密閉感が高く無音に近い状態になります。

アラームや人の声、音楽などは聞こえるので、ちょっとした物音や気配に敏感な人にはおすすめです。様々な種類の耳栓を試してきましたが、これをつけたときの無音感は心に平穏を与えてくれます。

睡眠用音楽

耳栓をしていても音楽は聞こえるので、毎晩Spotifyで眠れる音楽を聴いています。タイマーで30〜45分で止まるようにセットしておくと、たいていその間に眠りに落ちています。「この音楽をかける=寝る」というのを脳が認識するのもあるかもしれません。

昔はそのようなCDを買ってかけていましたが、今はYouTubeやポッドキャストでそのような音楽を無料でも探せるので、素晴らしい時代になったなと思います。

アイマスク

暗い環境のほうが安心して眠りやすくなるので、アイマスクをしています。いくつか愛用しているものがあって、ひとつ目は15年ぐらい前に買った、目のところに空間があり、直接目にアイマスクが当たらないタイプのもの。こういうタイプだとアイマスク特有の圧迫感や不快感がないし、マツエクをつけている時でもアイマスクができるのでありがたいです。

ふたつ目はカレントボディのシルクのアイマスクにシリコンのドットが顔のツボを圧迫および弛緩してシワを抑制してくれる、アイマスクなのに美容効果が期待できるもの。

そして最近のヒットは、シルクのナイトキャップ。これは本来、髪のケア用のものですが、これを目の下まで下ろして寝ると、圧迫もないし外れることもなく、髪と目元の肌ケアもできて〝一石三鳥〟なんです。

お風呂×エプソムソルト

入浴は睡眠改善法として定番ですが、そこにエプソムソルト（硫酸マグネシウム）

を入れると、すごく体が温まり、疲れや痛みも軽減されます。1回150g〜300gを入れて20分ほどつかるようにしています。

日本では、「シークリスタルス」というブランドのものがとても質がよくて驚きました。私はあまり汗をかかないタイプなのに、汗が出るのです。アメリカで色々なエプソムソルトを試しましたが、ここまでよいものには出会えませんでした。

エッセンシャルオイル

私はエッセンシャルオイルが大好きで、10代の頃から興味を持ち、これまで色々試してきました。オイルの香りをかぐと、実際にリラックスをしたり、ヤル気が出たり集中できるなどの効果を得られます。

ラベンダーの香りが好きで、睡眠時にもラベンダーのアロマを焚いています。睡眠用にブレンドされたオイルも色々と出ているので、自分の好きな香りを見つけるといいと思います。私が人生で最初に買ったのは、睡眠用にブレンドされたエッセンシャルオイルでした。

「プラナロム」のオーガニックの精油もお気に入りです。アロマオイルの中には、アルコールや人工香料が混ざっているものもあるので、必ず精油（エッセンシャルオイル）と表記されているものを選んでいます。

シルクパジャマ

睡眠時間は一日の多くの時間を占めるので、パジャマも体が心地いいと感じるものを選びたいと思い、2018年頃からシルクパジャマとシルクショーツに切り替えました。シルクパジャマは夏は涼しく冬は暖かく、肌触りもやさしいので、着ていてまったく不快感がありません。お肌が「気持ちいい〜」と言っているのが聞こえます。素材は薄いものから厚いものまで様々ですが、しっかりとした厚みの19匁か22匁の製品を選んでいます。古くなったパジャマは枕にかけてシルク枕カバーとして活用しています。

シルクは扱いが大変なイメージがありますが、手洗いも短時間で軽く、ほぼつけておくだけなので、そこまで面倒ではありません。

アップルウォッチ

デフォルトで入っている睡眠を測る機能で、毎日の睡眠を記録しています。睡眠時間だけをみるとよく寝ていると思えても、実は眠りが浅かったり何度も起きていることがあるので、自分の睡眠の真実を知るのは大事だと思います。睡眠の結果を見るのが毎日の楽しみになっています。

呼吸法

睡眠時の呼吸でおすすめなのは、4－7－8呼吸法というアメリカの大学教授が考案したものです。次の①～④を眠くなるまで繰り返します。私は大体2～3周目で眠れます。夜中、目が覚めてしまったときにも効果的です。この呼吸法は気持ちが落ち着きリラックスできるので、眠れないときだけでなく、面接やプレゼンの前、大事なデートの前、イライラしてしまったときや落ち込んだときなどにも役に立ちます。

①息を吐ききり、肺を空っぽにする。
②4秒かけて鼻から息を吸う。
③7秒息を止める。
④8秒かけて口をすぼめて力強く口から息を吐ききる。

舌の配置を変える

歯ぎしりや舌のこわばりで眠りが浅くなる人もいます。舌を上あごにそわせ、舌全体が上あごにつくようにして呼吸をします。

ストレッチ

ストレッチは毎晩欠かさず行っています。10分ほどしっかりやる日もあれば、忙しい日や疲れた日は30秒程度のときもあります。短いときにも股関節周りと脇を伸ばすストレッチは欠かしません。ベッドに入る前に軽く上半身を伸ばすだけでも、眠りの質が全然違ってきます。その日の疲れや凝り固まりをストレッチでゆるめてあげるイメージでやると正しい姿勢でできる気がします。

ＣＢＮ（カンナビノール）

ＣＢＮもヘンプ（麻）に含まれる成分の１つで、睡眠の質の向上が期待できます。ＣＢＤオイルと一緒に摂るとより効果が高まるので、寝る前に２つのオイルを一緒に摂ったり、NaturecanのＣＢＤとＣＢＮが入ったグミを１〜２粒食べています。これを摂るようになってから、寝つきがすごくよくなりました。

印象がガラリと変わる歯のケア

正直なところ、日本にいたときは、歯について意識が高いほうではありませんでした。基本は歯磨き粉をつけてのブラッシングのみで、たまにフロスをする。そして、日本の「八重歯がかわいい文化」の影響で、自分の歯並びもちょっとぐちゃっとしたところがかわいいような気がしていて、特に気にしていませんでした。

しかし、アメリカでは歯並びで家庭環境や教育レベルを判断したり、仕事にも影響することを知って愕然。さらに歯と口腔の健康は全身の健康に影響することや、歯並びが悪いと重なった部分のブラッシングが適切に行えないため、虫歯や歯周病、口臭などの原因になるなど、見た目だけでなく健康に影響が出ることを知り、歯に対する意識がどんどん変わっていきました。

アメリカでは医療費が高額なことから、予防歯科が一般的で、子どもの頃に歯列矯正し、大人になっても定期的に検診に通うそうです。今では日本でも予防歯科の流れがありますが、少し前までは、「歯医者さんは問題が起きてから行く場所」と認識されていたように感じます。私も歯は虫歯ができたら治療すればいいもの、削られてもいいもの、と思っていましたが、そもそも歯はそのままの健康な状態で残すことが一番大事だったのでした。

予防歯科先進国のアメリカですから、歯列矯正の費用が日本より安いとはいえ、高額であることは変わりなく、どの矯正医にかかるかの情報を調べることから始めました。調べている間に歯科衛生とホワイトニングを強化しようと、アメリカのフィリップス社の一番上位の「ダイアモンドクリーン」という電動歯ブラシとクレスト社の一番強力なホワイトニング歯磨き粉を使い始めました。それまでこんなに高額な歯ブラシを使ったことがなかったので少し震えましたが、とにかく一番いいものを使って歯をきれいに健康にしたいという想いが勝ち、購入に至りました。

それから少し経った2017年、ようやくマウスピース矯正を開始。と同時にウォーターフロッサー（口腔洗浄器）も使い始めました。これが、私の人生を変えるレベルでよかった！　本当にすっきりして、気持ちいい。歯ブラシや歯間ブラシ、デンタルフロスでは、なかなか届かない部分や歯周ポケットなどを洗浄してくれて、食べ物のカスなども出てきます。やっていなかったのが恐ろしくなるぐらいです。

ウォーターフロッサーは数千円から数万円台まで、ピンキリですが、私は「h2o floss」というメーカーの3000円台の充電式のものを買い、壊れたら買い替えをしています。充電式ハンディタイプのものは、タンクの容量が小さいので使用中に一度は水を入れ直さなければいけないというのはありますが、場所を選ばず使えて手軽です。


ホワイトニングは、アメリカの二大歯磨き粉ブランドのコルゲート社とクレスト社から出ているホワイトニングの歯磨き粉を主に使ってきました。日本より成分的にホワイトニングのレベルが高いので、歯磨き粉だけでもそれなりに着色は取れます。長年クレスト社のものを愛用してきましたが、現在はコルゲート社の「15年分の色素沈着を落とす」といった謳い文句の商品があり、それを愛用しています。

なるべくナチュラルなものを選びたい自分と、ホワイトニングは効果を実感したいから成分が強いものを選びたい自分とのせめぎ合いで、日中は「Hello」というブランドの炭とココナッツオイルのナチュラルホワイトニング歯磨き粉を使い、夜は成分の強いコルゲート社のホワイトニング歯磨き粉を使っています。
　またクレスト社から出ている「ホワイトニングストリップ」という歯に貼るタイプのホワイトニングも定期的に行っています。使い方のコツをつかんで1箱毎日続ければ、白い歯が1～2年は保てます。その後は気になったときにやる程度。こんな気軽にホワイトニングできる便利なものですが、日本では販売できない濃度の過酸化水素が含まれるので、使用は自己責任になります。知覚過敏になりやすい人や妊娠中の方は使用不可、神経のない歯や人工歯には効果が出ないので、ご注意ください。

　歯のケアをしっかりして、さらに歯が白いと、自信を持って人と話せます。もっともっと笑いたくなります。基本の歯磨きをしっかり行いつつ、プラスαのケアでさらに笑顔がいっぱいの人生にしていきたいです。

ボディメイクで「かっこいい体」を目指す

日本にいた頃は、「痩せないといけない」「痩せていないと美しくない」という固定観念にとらわれ、日々ダイエットを意識していたのですが、アメリカに行ってからダイエット（＝細いだけの体）に興味がなくなり、健康的でメリハリがあって、筋肉がついて引き締まった「かっこいい体」になりたいと思うようになりました。

細くなるために食べるものを制限したり運動したりするという思考から、かっこいい体になるために何を食べるか、どんなエクササイズやワークアウトをするか、という考えにシフトしました。

ちょうど2年前、「今年こそは、ぷりっと上がった丸いお尻を手に入れる」とジムに通っていた頃。気づいたのは、ジムに行くと、そこにいる誰もが今よりいい体に、いい自分になりたいと思ってそこにいるということ。こんなにみんなが上を目指している場所ですから自然と私もモチベーションがアップしました。

アメリカではジムに通っている人や生活の中に運動を取り入れている人がとても多いですが、メンタルを強くするために運動する人も多いように感じます。たしかに、日々体を鍛えているときって、どんどんポジティブになっていくし、自分のことを信じて「I can do it!」って色んなことに挑戦したくなるんです。

身体的な自信は、心の自信に大きく影響するとつくづく感じます。「自分はできる」という心の自信は、身体的に動けるということと、自分は有言実行できる、自分は達成できるという自分を信じられることの両方があると思います。

ジムに行かない日は、大体1時間くらいウォーキングをして、最後に公園で瞑想する、までがセットになっています。ニューヨークというと治安が不安な面もありますが、マンハッタンにある自宅は、ブルックリンとを結ぶ大きな橋のたもと付近なので、橋の上を歩いてブルックリンまで行って戻るというのが定番。橋の上は信号もなく止まらずに歩けるうえ、歩行者専用だから変な人に会うこともほぼなく、何より外の空気が気分転換にも最適です。マンハッタンでの生活は、常に建物に顔をサンドイッチされているような気分なので、建物がない場所に行くのがとても重要なんです。

川沿いの公園にもよく行っていて、ウォーキングと瞑想だけでなく、お昼寝、読書、動画編集をするのもお気に入りです。ウォーキングは何か楽しみを見つけながらすると、続けやすいし気持ちの切り替えにもなります。私はウォーキング中にお気に入りのポッドキャストを聴くのを楽しみにしています。でも、とにかく無理はしない。調子が悪い日は、休んだっていい。家から出れそうならとにかく出てみて10分や30分で終わる日もあれば、歩いていたら元気になってもう少し行ってみようと思えたり。それでいいんです。そうすると、また行こう、と思えます。

サプリも活用して体と心を元気に

日本でもきれいな人が飲んでいるというリポソームビタミンC。
一般的に売られているビタミンCのほとんどは水溶性のビタミンCなので、水に溶けやすく、即効性はあるものの、2〜3時間で体外に排出されてしまいます。一方リポソームビタミンCは、リン脂質で包んだ脂溶性のビタミンCで、長時間体内に留まる特性があります。

アメリカで一番有名そうな「リポスフェリック」というブランドを試してみることにしました。リポスフェリックは日本版も売られているようで味が微妙に違うとの噂。アメリカでは30個パックを40ドル程度で買えます。日本では4時間おきに飲んでいるという強者もいるようですが、私はひとまず1日1回、朝イチの空腹のときに飲むのを続けてみることにしました。すると、わかりやすく肌がワントーン明るくなり、風邪をひかなくなったのです。これはすごいぞ、と周りの人にもすすめ出しました。

ちょうど一箱飲み切る頃、長く続けていくために、もう少し価格が安い「Aurora」というブランドを試してみることにしました。レビューを見ると、お医者さんにすすめられて飲み出したと書いている人が何人かいたので、信頼できると思いました。

リポソームビタミンCは1回ずつのパウチになっていて、水の中などに入れて一気に飲むのですが、Auroraはボトル版も出ていました。パウチの3倍以上の量が入っていて、アマゾンのサブスクを利用すると30ドル以内で買えるのです。要冷蔵保存なので持ち運びはできませんが、私は朝一に飲むので問題なし。しかもお得なだけでなく、味がとてもおいしい。液状のリポソームビタミンCを飲んだことがある方は、口を揃えて言うでしょう。「まずい」と。リポスフェリックもそうだったので、リポソームビタミンCはそういうものだと思っていましたが、Auroraは酸っぱいオレンジジュースと無味のコラーゲンパウダーを混ぜたような味と舌触りというのでしょうか。とても飲みやすいので、水に混ぜる必要もなければ、毎回覚悟を決めたり顔をゆがめる必要もない。

Auroraのボトルは、15㎖に3000㎎のビタミンCが入っているので、朝晩5㎖ずつ、1日2000㎎のビタミンCが摂れるように飲んでいます。これで強者に近づきましたね。Auroraは日本だと「iHerb」で買うことができますが、アメリカに比べるとお高めなので、iHerbのセールを利用して2〜3本くらいまとめ買いをしています。

現在は「LIPO NATURAL」というひまわり由来のリポソームビタミンCも試しています。こちらは大きなパウチ入りで要冷蔵保存、味はザ・リポソームビタミンCというよりも、それよりも苦酸っぱくて飲みにくいです。でもナチュラルで、継続しやすい価格というのは重要だと思うので、試してみる価値はあると思います。こちらもiHerbで買うことができます。


朝、リポソームビタミンC以外にも「E3AFA」という藻（ブルーグリーンアルジー）を飲んでいます。「E3Live」というアメリカのブランドのもので、こちらも日本のきれいな人が飲んでいるということで知りました。パウダー状のものをよく見かけますが、飲みやすいカプセルに入ったものもあり、本国アメリカでは日本の半額以下で買えます。

藻（ブルーグリーンアルジー）は、日本では美容と健康系の効果が強調されていますが、アメリカではメンタルを整えて元気になるとも言われていて、私はそちらの効果を実感しました。「最近なんだか心が穏やかで安定しているな……」と思ったら、これを飲んでいることを思い出しました。年齢を重ねると、ホルモンバランスの変化から、自分でコントロールしきれない部分が多く出てきますが、まさかの藻が助けてくれてます。これからもお世話になりたい藻です。

他には「アダプトラテ」という代用コーヒーを飲んでいます。アダプトラテはアダプトゲン（ストレスに対応する天然成分）やヌートロピック（脳の能力や機能を上げて、認知能力や記憶力を高める物質）などを含む14種類の天然ハーブが入っています。成分は東洋医学に通じるものがあり、霊芝、冬虫夏草、チャーガ、アガリスク、ヤマブシタケといったきのこ類や、ターメリック、マカなどに加えて、コーヒーエキスとココアパウダーがブレンドされています。代用コーヒーといっても味は普通のココアと同じで、きのこやハーブなどの独特のクセはありません。私はコーヒーを飲むと、カフェインが効きすぎて眠れなくなってしまうので、おいしいお店に行ったときのみ飲むようにしているのですが、アダプトラテは興奮状態になることなく仕事に集中でき、リラックス作用もあるので私にぴったり。温めた植物性のミルクをフォーマーで泡だてててアダプトラテを混ぜて飲んでいます。一手間加えると、カフェのドリンクみたいになるので気分もあがります。

アダプトラテに入っているチャーガは、近年注目されているきのこで、抗酸化や免疫力向上などが期待できます。アメリカでは2010年代後期からチャーガのお茶やパウダーをよく見かけるようになりました。チャーガチョコなんてものもあったりして、そこまで興味がない人でも取り入れやすいなと感じました。

日本ではテレビ番組やインフルエンサーが「○○に効く！」と言うと、その1個の情報だけが走り出してブームになる傾向があるイメージがあります。しかしアメリカでは、研究論文や臨床データなどしっかりしたエビデンスがないと人々に浸透しないので、美容健康情報は「これにはこういう成分があり、その成分はこういう機能があって、こういう場所に作用するので効果を感じられる」という根拠や理解が大切になっています。なので、アメリカで広まっているということは、ある程度具体的な根拠があり効果が期待できるものだと思っています。

コリや痛みの予感は、その日のうちに取る

私は二十歳すぎの頃、ちょっとした事故に遭ってから坐骨神経痛が出るようになりました。そのときは半年ほど集中的に治療して治ったのですが、ニューヨーク初期に13年ぶりに再発しました。

それ以来、治っても次再発するまでのスパンが短くなって、歩くことすらままならない日も。痛くなるとマッサージや鍼に通って、月8万円近く使っていたこともありました。外国暮らしというストレスもあったと思いますが、腰痛だけでなく、首背中ぎっくりになったり、体のあちこちがカチコチになって体調も最悪。咳が止まらなくなり声はかれて、シンガーなのに歌うこともできなくなりました。このような体の痛みは、体が痛いだけならまだしも、メンタルの不調につながり、集中できなくなり、自信もなくなり……と本当につらかったです。

こんな日々に終止符を打ちたいという一心で、様々なことを試してきました。その

中で、私を現在の腰痛のない人生に連れ出してくれたものを紹介します。

まずはモイストヒーティングパッド。これはニューヨークで通っていた鍼の先生が施術中に足を温めてくれるのに使っていて、とてもよかったので自分でも購入することにしました。電気を使って温めるものですが、水分を空気中から自力で吸収してくれます。乾いた熱より湿った温かさの方が熱の浸透性が高く、短い時間で温熱効果を得られやすいという利点があります。

なんと、これを使い出して以来、腰痛が出ていません。湿った熱で温めることがこんなにも重要だったとは知りませんでした。

私は「サーモフォア」のマックスヒートの一番大きいサイズの155番をもう7年ほど愛用していて、今使っているのは2代目。モイストヒートサイズが大きい、温度調節が3段階、20分で自動オフのタイマー付きと、私がほしいポイントが揃っています。

そして、もうひとつの腰の救世主が、ストレッチポールとフォームローラー。腰が痛くなりそうな予感がしたときは、これらでお尻をほぐして突っ張りをとると、本当にひどい腰痛や坐骨神経痛にはならないようになりました。腰痛というと、腰をマッサージしてほぐしたりしますが、実はお尻が凝っているのが原因になっていることも多いそうです。納得です。

これまで整形外科や整体、鍼に通ったり、自分でストレッチをして対策してきましたが、ストレッチポールやフォームローラーがあれば簡単な動きで体重をかけながら刺激したり筋肉を緩めることができます。

また腰痛対策だけでなく、肩甲骨を動かしたり、胸を開いて呼吸をしやすくしたり、股関節を緩めたり。可動域を広げたり、柔軟性を改善したりと様々な痛みや違和感の改善が期待できます。

ストレッチポールは面で効かせて、よりストレッチやリラックスするのにフォーカスしていて、フォームローラーのほうがピンポイントに当てていくというとわかりやすいでしょうか。両方持っていますが、私はストレッチポールのほうが自分には合っている気がします。何かをするときに、上に座ってコロコロコロコロしているだけで、十分にほぐれてきますし、背中の真ん中に縦に入れて、胸を開いて肩甲骨を緩めるのがとても気持ちいいです。悪い姿勢で凝り固まった体をほぐして緩めることができ、姿勢の改善にもつながります。

フォームローラーに求めることはストレッチポールで賄えるので、もしこれから買うという方は、自分の尾てい骨から頭の上まである長さのストレッチポールがおすすめです。

ほかにも、体が固まってるというときは、マッサージガンを使います。かなり強い力でボンボンボンと筋肉を揺らしてくれるので、ほかにはない刺激で筋肉が緩まります。アメリカでも数年前にブームになっていて、どこの家に行っても置いてあり、試させてもらったところ大きいものはとても重いので、ハンディタイプを使っています。それでも十分にパワーがあります。

コリや痛みは、放っておくと積み重なって、ある日ドカンと出てきます。そうなるとちょっとやそっとでは治りません。ですから、その日のコリはその日のうちにほぐしてあげ、痛みの予感にも早めに対処してあげると、症状を悪化させずに、痛みのない安定した日々を送れます。腰痛がなくなるとこんなに楽なんだと知ってしまったので、もうあの日々には戻れません。

Part

4

魅力を最大限にする
印象コントロール法

眉脱色で明るく透明感のある印象に

簡単に印象を変えたり、ワントーン上がった美肌に見せられるのが眉脱色です。もちろん肌の色や骨格にもよりますが、私の場合、眉の脱色をすると肌のトーンがぐいーんと上がって肌がきれいに見え、眉毛が少し引き算されることで顔のバランスが整って、いつもより美人に見えちゃいます。

眉の色を変えるという意味では眉マスカラもありますが、眉マスカラをつけると、全部の色が均一になって変に主張が激しくなり不自然になってしまいます。眉がしっかりと濃い人は眉マスカラが向いているかもしれませんが、私はもともと濃い眉毛が似合わないタイプの顔立ちなので、バランスが崩れてしまうのです。

眉を脱色して明るい色にすると、どんなアイブロウもきれいに色が入ります。私は基本的に明るい薄い茶色にしていますが、髪の毛を茶色にしたときは茶色、ピンクっぽくしたらほんのりピンクのアイブロウにするなど、自分の理想の色をのせやすくもなります。

眉も髪の毛と一緒で、時間が経てば元の色に戻ります。もし一度脱色してみて明るすぎたと思えば、ペンシルやパウダーで暗い色に調整できるし、のびて元に戻るので挑戦しやすいと思います。

眉毛の脱色に使うのは、髪用ではなく体のムダ毛用の脱色クリームです。公式には眉毛の脱色は推奨していませんが、ずっと愛用している「エピラット」の脱色クリームは敏感肌用のものがあり肌への刺激も少ないのでおすすめです。

まずは、眉を中心に洗ってメイクや顔の油分を取ります。次にワセリンのような厚みの出る保湿クリームを綿棒で眉の周りの皮膚にしっかりと塗り、肌を保護します。

脱色クリーム2種をそれぞれ規定の割合で必要量出し、綿棒で混ぜて眉毛が完全に隠れるぐらい厚く塗ります。やさしく毛の流れに逆らうように綿棒を動かし、根元にもつけていきます。つける量が少なかったり、均一についていないと、仕上がりがムラになることがあるので注意。ラップで上から覆い、5分ほど待ちます。希望の色になっていたら、コットンできれいにふきとり、水または洗顔料で洗ってしっかり保湿をします。保湿は絶対忘れずに。

うっかり時間を置きすぎると、肌が痛くなったり金髪になって見えなくなってしまうので、タイマーをかけるなど、放置時間を守って使用してください。また、ブリーチ剤が垂れて目に入るととても危険なので、注意が必要です。「自分ではちょっと……」という方は、眉毛サロンで眉毛を脱色してくれるところもあるので、一度挑戦してみるといいと思います。

大人のための今っぽ眉の作り方

私の眉毛は短くて太くて、おじいちゃんみたいにブワッとして、眉を描かないと完成しない形なので、長らく眉毛は悩みの種でした。全体的に毛の色は薄いほうですが、眉毛はまばらなのに存在感があるので、基本は脱色をしています。

なので、眉毛に自信を持っていませんでしたが、『ASOBO TV NEW YORK』で動画が最初にバズった頃、「眉毛がすごく素敵」「眉毛をマネしたい」「どうやって眉毛を作るの？」といった、眉毛についてのほめ言葉や質問リクエストを多数いただいて驚きました。

私自身すごく流行を追うタイプではないのですが、ニューヨークで最先端を行く人やものを見て、自然と何がトレンドなのか把握できます。普段入ってくる情報もアメリカや英語圏のもののほうが多いので、何度も同じ情報が目につくと一度やってみようかなと思います。しかし、それを骨格が違うアジア人の自分の顔に同じことを落とし込んでもしっくりこないことがほとんどなので、試行錯誤しながら似合う方法と着地点を見つけます。

ほめられ眉ができたのは、数年前にアメリカで「ソーププロウ」という眉毛が流行ったことがきっかけです。グリセリン系の透明なソープを水で溶き、眉毛用のスクリューブラシに付けて眉を貼りつけながらピッと立ち上げ、眉毛に隙間を作ります。眉毛を立ち上げるとリフトアップしたように見え、眉に隙間を作ると光が入って眉毛が薄く見え、顔の印象がまるで別人のように変わるので、当時セレブリティをはじめ、すごく流行り、この眉を作るための専用の商品がたくさん出回りました。現在はそれをパーマで6週間ほど持たせる「ブロウラミネーション」という施術も人気で、日本にも入ってきているみたいです。

私も眉毛がピタッというのに憧れて、アメリカのプチプラコスメブランド「NYX」の「ブロウジェル」という透明の眉毛用のジェルを買いました。ところが、それではソープブロウのようにはならず、毛流れを固定するようなものでした。

でも、眉頭をそのときの流行りっぽく立てて、さらに全体的に立て眉に隙間を作り、足りないところを毛を一本一本描くように埋めると、すごくいい感じに！

その後、やはり気になってグリセリンソープを買って試してみましたが、私のような典型的なアジア人顔のタイプだと、眉をピタッと貼りつけてしまうと顔の立体感がなくなり、おかしな見た目に……。もともと顔の凹凸がはっきりしている顔立ちの方は、ピタッとさせると存在感と抜け感のバランスが取れて、ワイルドで洗練された雰囲気になれるようです。


眉毛に関しては難しいテクや、たくさんのメイク道具を使っているわけではなく、透明のブロウジェルとリキッドアイブロウペンシルのみで眉毛を作っています。眉毛についての動画を出したときは、透明のブロウジェルとパウダーとペンシルで作っていましたが、リキッドアイブロウを2色使って描く方法が一番立体感が出て自然な仕上がりになることを発見しました。

まず、眉毛を描く前に上から下、下から上へと眉毛をブラッシングして、どこに毛を描き足すかイメージをつかみます。ブラッシングして全体のバランスを調整したら、アイブロウジェルで下から上に眉頭から1／3を立ち上がらせ、眉尻にかけ少し斜めに広げていきます。

次に隙間があるところを一本一本、薄く明るめのリキッドアイブロウペンシルで軽いタッチで眉毛を描いていき、眉の形を決めます。眉頭は薄くあるべきところなので、描きすぎないようにします。眉山を意識しながら眉尻まで毛を描いていきます。その後、少しだけ暗い色で足りないところの毛を一本一本描き足します。これで本当に毛が生えているかのように見せます。

リキッドアイブロウペンシルは不自然になるような気がして長年避けてきたのですが、使ってみるとこの眉を立たせるトレンドにぴったりで、夏でも落ちにくく、とても優秀なアイテムでした。私はこちらも「NYX」のものを愛用しています。アメリカのプチプラコスメは信用できないと思い、数年前まで「NYX」を使ったことがなかったので、もっと早く使えばよかったです。日本のプチプラでは、「エテュセ」の「スキニーブロウライナー」が素晴らしく、03アッシュブラウンはとても自然な色でお気に入りです。筆の細さと描き心地がちょうどよく、本物のような毛が描けます。

自分の魅力を内から発光させるメイク

それまであまり意識したことがなかったのですが、フルメイクの様子をYouTubeでライブ配信したときに「こんなに多種類のハイライトを使い分けている人は初めて見た」という視聴者さんのコメントで、自分が光を駆使しながらメイクをしていることに気づきました。

光というのは粒子の細かいパールのような艶感や、大小のラメで出す照明を味方につけるキラキラ感など様々です。

10代のときに、今は廃番になってしまったキャンメイクのホワイト系のグリッターパウダーを下まぶたの際につけると薄暗い照明のときに反射して目がキラキラに見えることに気づきました。その後、アーバンディーケイが日本に上陸してホワイト系のグリッターライナーを見つけ、マスカラを塗った下まつ毛の上に少しのせるとさらに目がキラキラに見えました。このことが光へ興味を持つきっかけになったのだと思います。たまたまですが、瞳がうるうるしていることは、いわゆる「モテ」というやつにつながっているので、当時雑誌やブログで紹介していました。

光を取り入れたメイクは、目元をよりきれいに見せてくれたり、健康的で凹凸のある顔に見せてくれたりする反面、一歩間違うと下品に見えてしまうので、うまく足し算引き算をしてバランスを調整する必要があります。

大人でも品と洗練された雰囲気を保ちつつ、少女のようにキラキラに、わくわくできるようなメイク方法を紹介します。


丁寧にスキンケアをしてお肌を潤わせた後、顔全体をティッシュで軽く押さえて余分な油分をオフしたら、顔と首・デコルテに日焼け止めを塗ります。私は自分で作ったミネラル系の日焼け止めかラ ロッシュ ポゼのトーンアップ ロージー、またはその両方をつけていきます。落ちついたら、NARS ザ マルティプルのコパカバーナという薄いピンクのハイライトをおでこ、鼻筋、頰骨の上、顎につけて指で馴染ませます。つけすぎると近未来少女のようになるので注意が必要です。

次にCOVERMARKのスティックファンデーション（コンシーラー）Y1を目の下

のクマと鼻の横につけ、本当に隠したい部分はあまり触らないように、周りを指で細かくポンポンしながら馴染ませます。

チークはNARSのザ マルティプルのオーガズムをのせたい位置につけ、周りを指で馴染ませます。

ベースのお肌作りはここまで。夏はテカるので、ここで本当に薄くFlorasisのルースパウダー ラベンダーをTゾーンを中心にのせることがあります。粉をのせるとお肌の粗が目立ちやすい気がするのでその後つける時は本当にうすーく。最近は目元のメイクがつきやすい下まぶた、描いても落ちやすい眉毛はパウダーをつけるようにしています。これでだいぶ崩れしらずになりました。最後にキャンメイクのシェーディングパウダーを目頭のくぼみと鼻先の下とサイドのくぼみにつけて陰影をつけます。本当に影ができるところを少し強調するだけなので自然になります。このときに同じ色をアイシャドウのベースとして、なりたい目の大きさの分つけます。ここまでが仕込み。

アイメイク本番はTOM FORD アイカラー クウォードのハネムーンの一番薄い色を

アイホールと下まぶたに薄くつけ、下段の締め色2色を混ぜてアイラインのガイドを引きます。そうするとリキッドでアイラインを引くときに成功しやすくなります。

Florasisのアイシャドウパレットのパールピンクよりのベージュを目頭につけ下まぶたに向かって広げ、上まぶたの眼球の一番出ているところと眉尻の下、鼻のつけ根と先、顎にハイライトとして点置きします。NARSアイシャドウDUOアルハンブラのピンクっぽい色を使うこともあります。このように肌馴染みのいいハイライト色を目頭と下まぶた2／3ほどにつけるだけで目全体に光が出て、目の表情が生き生きして、フレッシュな印象になります。でもここで終わりではありません。後ほど仕上げます。

まつ毛は根元だけ上げ、上まつ毛にスカルプDマスカラのブラックかヒロインマスカラのブラウンをつけます。私の場合、下まつ毛にマスカラをつけると急に顔の印象が重くなるので、近年はつけていません。

セフォラのアイライナーを目尻だけに少し上げ気味に描きます。瞳の上にアイライナーを引かないことで、まつ毛の隙間から瞳に光が入って、目がキラキラ見えるようになります。リキッドアイライナーはディープグリーン、カーキ、ネイビー、パープル、ブルー、ワインレッド、くすみパープル、ライトブラウンなど多色持っていて、気分によって使い分けます。色を選ぶときは、私の肌や瞳の色と合っているか、肌や瞳がきれいに見えるかを意識しています。私はアイラインを引くと顔が引き締まって完成する気がするので、アイライナーは重要なアイテムです。

つけまつ毛は100円ショップのナチュラルなものを半分に切って、目尻だけにつけています。目尻だけつけまつ毛はもう20年以上私の定番です。

ここで眉毛を描く前に、Dior DIORSKIN NUDE ルミナイザー 01でTゾーン、頬骨、顎、眉尻中心に眉毛にハイライトを入れます。Diorのハイライトは粒子が細かくて上品なので、大好きです。色もスキンカラーのようなので、つけても強い主張がなく、私の光を重ねていくメイク方法にも合っています。

次にFENTY BEAUTY ダイヤモンドボム　How Many Carats?!の細かいラメパウダーを目の下と下まぶた目尻側に、つけている感が出ないぐらい、ほんの少しだけチョンチョンとつけます。すると光が当たったときに目が反射して、目がキラキラと見えて瞳がきれいに見えます。これはかつて愛用していたキャンメイクのホワイト系のグリッターパウダーが廃番になったので、同じ見た目になるものを探して見つけたものです。ただし、これはつけすぎると下品な印象になるので、分量には細心の注意を払ってください。

そしてURBAN DECAYグリッターライナー ミッドナイトカウボーイ（ゴールド）または限定色のベビーピンク系を下まつ毛に片目3ラメずつぐらいのせます。こちらも最初に愛用していたホワイト系のラメが廃番になったので、ゴールドなどに替えました。

眉毛はアイブロウジェルで立ち上げて、リキッドアイブロウペンシル2色で毛を描くように仕上げます。すると、眉毛の隙間から光が入り、さらに目がキラキラに見えるようになります。ここで最後のハイライト、他のものよりもちょっと粒子が大きめのFlorasisの4色パレットのハイライトカラーを目頭だけに点置きして強調します。これで光の強弱がついて、一気にまとまります。先に保湿しておいた口元は、余分な油分を軽くティッシュオフして、唇周りをコンシーラーで整えてから、リップを塗ります。

一見ナチュラルな私のメイクですが、このように、実は何種類ものハイライトを重ねています。先ほども話した通り、ラメや光系のメイクは、少しでも種類やバランス・場所を間違えると下品になりやすくなります。しかし、本当にちょっとずつ重ねていくことで、顔が明るく見えたり、そこまでコントラストをつけなくても、目が印象的になったりします。

私はヘアメイクの専門学校出身なので、ハイライトの知識はあるのですが、20代後半くらいまでは、自分に使ったり、アイシャドウを重ねて立体感を出すようなことはしていませんでした。濃いメイクをすると目が小さく見えるタイプなので、アイシャドウはスキンカラーのクリームシャドウなどで艶を出すだけで終わりでした。

しかしアメリカに行って、いわゆる日本のデパコスと言われるようなブランドが日本よりも買いやすい価格な上、セールでも買えるので、いろいろと試してみようという気になり、辿りついたのが今のメイク方法です。肌に馴染むような控えめな色で、細かい粒子のパールが入っているものを選んで重ねづけし、ポイントで粒子の大きいものを入れると、すごく自然でキラキラした仕上がりになります。

光を味方につけるだけで、品を保ちつつ華やかな印象になります。

今っぽいのに洗練されたオトナのリップ

リップはその時々のトレンドの顔に挑戦しやすく、気軽に気分を変えられるアイテムなので、1年に1、2回は新しいものを買って楽しんでいます。

選ぶときに、簡単に自分に似合う色を見つける方法があります。それは自分の唇の内側の粘膜の色、またはそのトーンを基準に選ぶこと。そうすると顔にスッと馴染むような色が見つかります。

赤リップなどのようにそこを目立たせる場合は別として、服装もシチュエーションも選ばず、毎日つけられるような顔に馴染むリップを見つけられるとすごく心強いです。やりすぎ感を一切出さずに、アップグレードしたような印象になれます。

リップは色だけでなく、質感もトレンドが出やすい部分です。昨年Diorで同じような色を2本買ったのですが、1本はサテンのような質感で、もう1本は艶が出るタイプ。サテンのものは、艶でもマットでもないので、お出かけコーディネートからスポーツカジュアルまで、どんなときもしっくりきます。艶が出るほうは、女性っぽさを感じるので、引き算をして、かっこいい系やシンプルなコーディネートに合わせます。近年はグロス系のリップが復活しているので、1本あるといいと思います。マット系のものはとてもかわいいのですが、どんなによいものを使っても結局は縦ジワが気になったので、頻繁に塗りなおせる方向けだと思いました。

リップの塗り方も、その時々でトレンドがあります。唇にボリュームを出す美容医療のリップフィラーが流行り出して以来、オーバーリップ気味にするのが定番になっていますよね。ただ、アジア人はそのような過剰なメイクが馴染みづらい顔で、少しでもバランスを間違えると下品になってしまうので注意が必要。自然な色のリップライナーを使ったり、リップやチークを指で山の部分にポンポンと塗って少しオーバーリップ気味にすると、過剰になりすぎずにぷっくりリップに。0・5～1㎜オーバーくらいに留めておくとどんな方でもやりすぎにならず、いい具合になるかと思います。

リップを塗るときはメイクを始める前に唇を保湿しておき、塗る前に余分な油分があれば、軽くティッシュオフします。少量のコンシーラーを指にとり、唇の周り、特に口角の下にのせポンポンと馴染ませて、くすみや色ムラを取ります。明るく薄い色のリップを塗るときは、全体にもポンポン馴染ませます。

リップを唇の真ん中を中心に全体に塗って、「んーパッ」の後に指で境目を馴染ませます。唇の山を少し平らになるようにすると、今トレンドのぽてっとした厚めの唇に見えます。ここで大切なのは、口角の部分ははみ出さないようにすることです。ここにぼやぼやとはみ出ると一気に物欲しそうなお顔になってしまうので、どうしても口角を上げて見せたいときは、リップライナーで1～1・5㎜ほど描くのがおすすめです。

大人のメイクは抜け感を意識することが大切です。映画や音楽の祭典などで、セレブがしっかりこってりなグラムメイクをしていてもバランスがいいのは、ちゃんとどこかに抜けが計算されているからです。

もともと私の顔は足し算して攻めていくようなメイクは似合わないので、若い頃からあまり濃いメイクはしていませんでしたが、何かひとつをポイントにするならどこかを減らすということは常に意識しています。例えばリップが主役ならチークを控えめにしたり、アイメイクは下まつ毛にマスカラをつけない、アイラインは控えめにするなど、何かしら引き算してバランスをとります。一点主役じゃなくても主役リップに主役まつ毛、などぶつけて掛け算し、他を引き算することもあります。

また、トレンドのメイクをそのまま真似するのではなく、自分の眉毛を活かすにはどうしたらいいか、私の瞳がきれいに見えるアイシャドウは何色か、私の唇をより魅力的に見せるにはどんな色や質感をどの形でつければいいかというように、「自分自身」という素材を活かすことを意識して取り入れています。

ヘアは頭頂部にボリュームを出すだけで見違える

私たち日本人の多くは、モンゴロイドと呼ばれる、他人種と比較すると横に広く、前後は短く、後ろが平らな形をしているという頭蓋骨の特徴を持っており、ハチ張り・絶壁なことが多く、そのままピタッとサラッとした髪型にすると平坦な印象になりがち。

そこで、その特徴があることを理解して、前から見ても横から見ても丸を作りだすよう頭頂部（いわゆるトップとバック）にボリュームを出すと、一気に華やかになって印象が変わります。ヘアセットもここを意識するといいでしょう。

これは頭蓋の前後の距離が長い他人種の基準に合わせているのではなく、どの人種でも、ゴージャスにしたいときには頭頂部にボリュームを出します。

結んでいるときは、指で毛束をつまんでボリュームを出している人も多いと思いますが、結ばずにおろしているときも、前髪を上げるときも頭頂部の根元も立たせるようにしてボリュームを出すと見違えます。これは美容師さんやヘアメイクさんも、ブローやセットで当たり前のようにやっているテクニックです。

自分でやるにはクルクルドライヤーを使うと、簡単かつ自然なボリュームが出せるのでおすすめ。温風で立ち上げたら、そのまま冷風に切り替えクセをつけます。温風の後、マジックカーラーをつけて放置するとさらに立ち上がりや持ちがよくなります。

前髪は毛の流れが自然なところで分け目を作るよりも、分け目を逆にしたほうがボリュームが出せます。クルクルドライヤーを前髪の上に当てて、リバース方向、前から後ろに向かって巻くときれいに立ち上がります。

夜のお風呂の後、ドライヤーである程度乾かしてから、クルクルドライヤーで全体のスタイリングもあわせてしておくと、翌朝かなりの時短になります。寝る前にボリュームを出しても寝ている間につぶれてしまう部分もあるのですが、ヘアセットは多少湿っているときに行うのが一番クセがつきやすいので、夜にボリュームを出しておくと翌朝の整えやすさが全然違います。

自分に合っているものを身につけると、人は輝く

メイクも洋服も、流行っているから真似するのではなく、自分の顔立ちや肌の色、骨格や体型に合っているかが一番大事だと思っています。「○○さんがしていたから」「○○で見てかわいかったから」という基準でメイクやファッションを取り入れていた方は、〝自分に合った〟メイクや服装を選ぶことで、印象は180度変わり、さらに輝くことができます。

その見極めのために役に立つ方法のひとつが、パーソナルカラー診断です。

専門学校に入って、パーソナルカラー診断を学び、自分が「イエベ春」だということを知りました。確かに似合わない色のものを肌にあてると顔色が悪く見えたり、手がいきなりくすんで黒っぽく見えたり、自分がそれまで感覚的に判断していたことが言語化されて理解でき、とてもすっきりしたのを覚えています。今、日本ではパーソ

ナルカラー診断や骨格診断などが一般的になり、理論的に自分に似合わせる方法を知ることはとても重要なので、いい時代になったなと思います。

私が服やコスメを選ぶときの一番の基準は「身につけたときに自分が輝いているかどうか」です。これはとても感覚的なことですが、自分に合うものを身につけたときは、鏡に映る自分がパッと明るく、キラキラ輝いて見えます。そのキラキラには、色が合っている、骨格や体型に合っている、雰囲気に合っていること全てが含まれます。どんなにかわいくても、手に入れたいと思っても、それを身につけた自分からキラキラが見えないと購入しません。

例えば、私はシャツが好きなのですが、肩が丸くて狭めなため、ジャストサイズのシャツだとバランスが悪くなるので必ずオーバーサイズのものを選んでいます。それがはっきりわかるまでは、ジャストサイズを買っては「なんだか冴えないな、地元着レベルだな」と着なくなるのを繰り返して、やっとオーバーサイズのものが一番私の体に合うということがわかりました。

Tシャツはぴっちりかオーバーサイズは似合いますが、その間のサイズはいまいちパッとしません。スポーティなもの、カジュアルすぎるものは、好きでも私を輝かせる要素がないので選ばないか、サイズや質感などしっくりくるものを慎重に選びます。

サイズ感以外にも素材によっても合う、合わないがあります。ニットは、私の場合は薄いニットよりも厚みのあるざっくりしたニットのほうがよく、首周りも、つまった丸首よりVネックや広く開いている女性的なデザインのほうが首のラインがきれいに見えます。私だけに限らず、アジア人は首が短く肩が丸く小さい傾向があるので、その特徴を理解して、首周りはつまったものより開いているもの、肩のラインの丸さが出にくいものがバランスよく見えます。しっかりした素材の大きめシャツは、まさに日本人女性でアラフォー以上の人が着ると、より洗練されたように見えるアイテムのひとつ。

ボトムスは、私の体にはハイウエストでワイドなデザインのものがバランスよくきれいに見えます。自分の体に合ったパンツをはくと、ヒップやウエストのラインがすごくきれいに見えて、股関節にもシワが寄らず、シルエットがとても美しく見えます。

パンツを買うときは必ず試着して、私の体が美しく見えているかチェックします。FRAMEやMOTHERなどのデニムブランドだとそういうものが見つかることが多いのですが、たまにZARAなどファストファッションのブランドでも「私のために作ったの？」と思ってしまうほど私の体にぴったりのパンツに出会えることがあるので、定期的にチェックします。

私のクローゼットは、そのときのトレンドを取り入れたファストファッションブランドのアイテム、長く着られるデザイナーズブランドのアイテム、昔から着ているアイテムやヴィンテージアイテムがミックスされています。

実は、そうやってミックスするのがニューヨーク流だったりします。ニューヨークのファッションは、デザイナーズブランドだけ、ファストファッションだけ、ヴィンテージだけではなく、ミックスするのが定番。ファストファッションが流行り始めた頃、大人になったら着なくなるものかと思っていましたが、短いトレンドのものや自分的に新しいアイテムを試す楽しみをくれるし、ミックスするニューヨークのファッションは、ファストファッションが若者だけのものではないことを教えてくれます。

デザイナーが作ったこだわりの服や小物は替えがきかない美しいデザインで素材も

よく、自分の気分を高めてくれるし、ヴィンテージにはヴィンテージにしか出せない重みと軽さをくれます。こうして全部を楽しめるニューヨーク流のファッションが私にはとても合っています。

普段はあまり意識していませんが、ときどき「やっぱりニューヨークは最先端の街なんだ」とハッとします。やっぱりおしゃれ上級者がとても多いんです。パンツの形ひとつとっても、街で目にするシルエットがシーズンごとに微妙に変わります。ニューヨークの人たちは自分自身を追求しているからか、自分の好きなものがなにか、自分に似合うものはなにかが明確にわかっているのかなと思います。

姿勢が与える印象は、自分が思うよりも大きい

ニューヨーカーに見とれてしまうのは姿勢のよさも関係しているかもしれません。というのも、日本へ帰国したときの印象が「すごく猫背になっている人が多いな」だったからです。意識しないと、どんどん肩が内に丸まって固まってしまうので、私自身もすごく気をつけています。

それに「老けて見えるといやだから」と白髪染めをしていても、背中が丸まって姿勢が悪いと、それこそ老けて見える原因になります。50代、60代、70代になっても背筋をピンと伸ばしている女性は凛としていてとても美しい。そこに「若く見える」「老けて見える」などの浅はかな基準はなく、「ただ存在が美しい」「美しい人が存在している」という感覚です。

座っているとき、立っているときはもちろんですが、歩いているときの姿勢も大切です。アメリカにいると、特にアジア系の人に姿勢が悪い歩き方の人が多いように感

じます。そういう姿勢は、自信がないように見えてしまいます。

自信がこの世の全てを動かしているのではと思うほど、アメリカでは「自信がある」ように見えることはとても重要視されています。実際にアメリカの人々は「Fake it till you make it.（実現するまでは、そのように振る舞おう）」という考えで生きています。

日本人的には「なんだかすみません」という感じで小さく動くことや、常に人に「迷惑がかかるから」と行動を止めたり端に寄ることは親切ですが、一歩日本の外に出るとそれがいいこととは限りません。まず視界に入らないので人として扱われなかったり、自信がなく見えてしまい攻撃の対象となり、危険を招くことにもなります。欧米の人たちに比べて、アジア人は静かだし体も小さいし、姿勢が悪くて自信がなさそうに見えるので、アメリカではナメられやすく、アジア人なら何か強く言っても言い返せないだろうと思われているのは否定できません。実際に、何か言ってくるような人と同じレベルにはならない、相手にしていないのが理由で言い返さない人が多いと思います。それでも浅はかな人間がいる限り、悲しいかな、少数派が対等になるためや危険を回避するためには多少の対策が必要なのです。

パンデミックの初期1〜2年は、ニューヨークではアジアンヘイトが強まり、外を歩くのも怖かったときがありました。しかし、外に出るといつ何が起きるかわからない中でも、自分の心身の健康のためにエクササイズは必要だったので、防犯アラームとペッパースプレーを握りしめながらウォーキングなどをしていました。

そんなときに「自信がないと思われたらやられる」と思い、胸を張って頭を高く保ち、空間を大きく使うように歩いていたら、自然と人々は道を開けてくれました。やっぱり「自信がある」ように見せることは、バリアを張れるんだと実感した瞬間でした。

そのようなことから、姿勢に対しての意識がより強くなっていきました。

人は自信に惹かれてついていくものだと私は思っていて、ビジネスの面でも、同じ構図が出来上がるように感じます。人は自信のある人からものを買いたいと思うし、一緒に仕事をしたいと思うし、逆に「私の作るものなんて……」と俯いている人に同じ気持ちは抱きません。姿勢を正して胸を張り、顔を上げて目を合わせる。たったそれだけで、まるっきり違う印象を与え、なぜか尊敬のようなものまで受けられる。たかが姿勢、されど姿勢なのです。

そして、姿勢はマインドと直結しています。私自身、落ち込んだり上手くいっていなくて悩んでいるときは、気がつくと首と頭が前に落ちて背中が丸くなっています。でも、意識して姿勢を正してみると、あら不思議、気分が上向きに変わってくるのです。

姿勢をよくするのは、今すぐできる一番簡単に印象を変えられる方法です。外からの印象だけではなく、自分自身に対する印象も内から変えられて、考え方や振る舞いにも違いが出てくるでしょう。私も姿勢がよく目を奪われる先輩方のように、〝美しい存在〟になれるよう今日も姿勢を意識していきます。

話していることは、脳が聞いている

YouTubeを始めたばかりの頃、自分が喋っている姿を見て驚愕。口角が下がっているというか歪んでいるというか、変な口の形で話していて、とてもショックを受けました。それからは、口角を上げて話すようにしようと改めて意識をするようになりました。それでもちょっとでもネガティブなことや言いにくいことを話すときは変な口の形になるので、気持ちと連動しているのだと気がつきました。

ネガティブなことを言わないようにするのはもちろんですが、ネガティブな感情でいるときは、たとえ言葉に出さなくても、無意識のうちに口角が下がってしまっているのではないかと思います。すごく奇妙な感覚なので理解してもらえるかわかりませんが、私は嫌なことが口をついて出たとき、頭では「言いたくない。言いたくない。なんでこんなことを言っているんだろう」と思っていて、その後ひどい罪悪感に襲われます。そういうときでも自分の脳は発言のほうを聞いているので、口にしたことで自分自身が傷ついてしまったり、マイナスを引き寄せる行動につながってしまうことがあります。

心許せる相手に愚痴を言うことは時に必要ですが、誰かに関して言わなくてもいいことを言うと、自分がすり減ってしまいます。私にとってネガティブな発言をすることはそのようなリスクを負うことでもあるので、何を口にするか、何を口にしないかにはすごく気をつけています。脳は否定形を認識できないと言いますし、発言に気をつけることは、自分にも、私の話を聞いている相手にも、プラスの影響があるのではないかと思っています。

私の動画やSNSを見てくれている方たちは、白髪、シワやたるみなどのお肌の変化により、外見の部分で自分に自信をなくしていることも多いと思います。

自分の中だけでなく、日本では年齢で「していいこと」「してはいけないこと」を区切って人のことを判断したり口出しすることが、これまでは当たり前に浸透していました。そのようなことが無数に重なり、年齢を重ねると自然と新しいことに挑戦することを諦めたり、自分の可能性を無意識に信じられなくなってくるのだと思います。

時々、「私なんて」とか、「あなたはできるけど、私にはできない」といったメッセージやコメントをいただいたり、見かけることがあります。でも私は、「私はできない」という言葉を発していると、どんどんそういう状況を引き寄せていってしまう気がします。自分で自分にリミッターをかけてしまうのは、とても悲しく、もったいないことだと思います。

年齢を重ねているからこそ、自分が発している言葉に意識を向けることが大切です。若い頃は根拠のない自信だけでどうにかなりますが、大人になるとそれもどこかに行ってしまいます。だから、自分が自分の一番の味方になって、自分にいい言葉、言ってもらいたい言葉をかけてあげるのです。

人にポジティブなことばかり言うのは押し付けになることもあると思うのですが、自分には「私ならできるよ」「今日も素敵だよ」って言ってあげるのは誰も傷つけないし、そう言ってあげられるからこそ、つらいことがあったときにも「つらかったね」「ひと休みしてもいいよ」って寄り添ってあげられるようになるのではないかと私は思います。

私は我慢が大得意なので、「もっと頑張らなきゃ」「期待に応えなきゃ」と思っているときは要注意で、そういうときは、なるべく「休もう」「大丈夫だよ」って自分に言ってあげるように意識しています。


それに人は、話す言葉で顔の印象も大きく変わります。

常に口角が下がっている方がいますが、初対面ではどうにかつくろって印象よく見せていても、知っていくと、常に人の悪口、人に攻撃ばかり、心に問題を抱えている内面が幼い人だったということはよくあります。「やっぱりあの下がった口角はそうだよな」と、答え合わせをした気分になります。

頑張って外面をよくしていても、ふとした表情にその人の内面にある満たされない心情が出てしまいます。

もちろん誰でも落ち込んだり、悩んでしまうことはあるし、心許せる人の前で愚痴を吐き出す時間は必要です。それは前提で、普段はできるだけよい言葉を発することを心がけると、内面にまで影響して、顔つきは確実に変わっていきます。

Part 5

自分軸を取り戻す心との付き合い方

やりたいことを実現できなくて悩んでいる人へ

「本当はやりたいのに、やれない」

そういうことって、実はたくさんあります。「〝やりたい〟のに〝やれない〟と思ってしまうのは、一体なぜだろう」その答えを知るのに、自分の内側を深く掘り下げていく必要がありました。

私が最初に「グレイヘアに移行したい」と思ったとき、すぐに実行できたわけではありませんでした。やりたい気持ちはある、なのに、とにかくこわい。不安と恐怖に襲われてブレーキがかかりました。

でもその不安と恐怖の正体をよくよく掘り下げてみると、「人からどう思われるだろう」「人からどう扱われるだろう」という「人から見てどうか」に焦点をあてている自分の思考でした。結局「自分がやりたいか、やりたくないか」ではなく、他人軸で物事を考えているから進めなかったのです。そしてグレイヘアに関してだけではなく、多くのことを他人軸で考えていることに気づきました。

そこから他人軸の〝他人〟について考えていたら、こんなことが浮かんできました。もし「グレイヘアは老けて見えるからやめなよ」「まだ早くない？」と言ってくる人がいたら、それが自分の問題に感じてしまうかもしれません。でも、それは言ってくる側の問題だと気づきました。そもそも人の容姿に口を出すこと自体、必要のないことです。本人がアドバイスを求めているならともかく、ハッピーで困っていないのなら、それは言ってくる側が、何かを我慢しているか、心が満ち足りていないのです。それに、その人たちは自分が言いたいことを言っているだけで、そのことに対して何か責任を取ってくれるわけではありません。言われた通りまた白髪染めをしたとして、またグレイが生えてきたときの不安や焦燥感、白髪染めをするときの「あぁ、またやらなきゃ……」という憂鬱な気持ちを、その人たちは肩代わりしてくれるのでしょうか。自分以外、誰も自分の憂鬱や不安を肩代わりすることはできないのです。

それに気づいたとき、これまで自分がどれだけ他人軸で生きてきたのかとハッとしました。そして、これからは、無責任な他人の声ではなく、自分の「WANT（自分はどうしたいか）」をよく聞いて、それを優先して叶えてあげようと決めました。

「白髪染めに追われる日々を終わりにしたい」「グレイヘアに移行したい」それが私の「WANT」だったのです。

グレイヘアだけでなく、何か行動を起こすときに、日本人は人にどう思われるかとか、人に迷惑をかけないかとか、自分のことを過剰に後回しにして考えるクセがついていると思います。もちろん思慮深い行動は大切で、信念を持ってその行動を選択しているのならいいのですが、信念がないまま、あまりに自分の順位を低くしすぎると、後々うまくいかなくなることが増えます。他人軸で行動を決めていくと、何か悪いことが起きたときに、「○○（親、家族、友人）がこう言ったから」「○○のためにやったのに」などと、結局人のせいになって、自分も周りの人も傷つけてしまうからです。

自分軸で行動すれば、うまくいってもいかなくても、「でも、私が決めたんだし」と思うことができて、切り替えて前向きに次の策を考えることができます。もしうまくいかなかった原因が他人にあると思い込んでいたら、次の策を練ることができません。だから、他人軸ではなく、一度立ち止まって、まず「自分はどうしたいのか」に耳を傾け、決断して行動するということがとても大切なのです。

とはいえ、頭ではそうとわかっても、実際は、これまで他人軸で行動してきたり、他人を優先して生きてきた私が、自分の「WANT」に気づく、優先する、行動するのは簡単ではありませんでした。

そこで、私は小さなトレーニングから始めることにしました。

例えば、トイレに行きたいと思ったら、すぐにトイレに行く。「そんなこと」と思うかもしれませんが、日常の中でトイレに行きたいと思ったとき、すぐに行動することより、無意識に「まだ大丈夫、これが終わったら」と少し我慢して後回しにすることのほうが多いです。でも体は最初に「行きたい」とサインを出しているので、そこですぐに自分の体を優先してトイレに行ってあげることが、自分の「WANT」に気づく第一のステップになり得ます。誰かと食事に行って、特に食べたいものがなくても、「みんなが食べたいものでいいよ」と決定権を委ねてしまわずに、「何が食べたいだろう」と自分を内観して食べたいものを絞り出してみたり。いつもは節制していても、時には食べたいものを食べたいときに食べてみたり。眠いと思ったら、逆らわずに寝てみたり。不必要な愛想笑いをやめてみたり。「WANT」は見逃したり、大したことないと思いがちな、本当に日常の些細な行動の中に隠れています。

このように、日常の中の小さな「WANT」を認識して、叶えてあげる瞬間を積み重ねていくと、自分をより大切に感じ、自分がどうしたいかが都度明確になり、行動に移しやすくなっていきます。そうするとひとつの選択が自分軸なのか、他人軸なのかがはっきりわかってきます。

アメリカや多くの国では、意見や「WANT」をはっきり口に出して人に伝えるように小さい頃から教育されます。アメリカに来て、いろんな国のいろんな文化の人たちと接して、自分の意思を伝えることは、自己中心的なことでも、和を乱すことでもなく、人として「当たり前のこと」なのだと気付かされました。私は「WANT」がはっきりと言えなかったので、他の国の人たちをとても羨ましく感じたし、「私もちゃんと『WANT』を言えるようになりたい」と思いました。

すてきなだなと思ったのが、インドでは「あなたは人に迷惑をかけて生きているのだから、人（他人）のことも許してあげなさい」と子どもに教えるそうです。

もし誰かの行動に嫌悪を感じたり、イライラしたり、許せないと思ったら、その行動は、自分が「してはいけない」と我慢している行動なのかもしれません。

この話を聞いて、みなさんの中には今、どんな「WANT」が浮かんでいますか？

アメリカでの第二の人生で広がった私の価値観

大人になって島国日本から渡ったアメリカ。特にいろんな文化と価値観が交錯するニューヨークでは、常識や価値観は人によって全く違うし、ルールなんてあってないようなもの。予測しないようなことが起こるという予測をしながら生きる、まさにカオスという言葉がぴったりな街で、日々、自分のちっぽけな価値観がぶち壊されていくのを感じていました。

思い通りにいかないことばかりで、頭を抱えて叫びたくなることも多々あり、苦しくもありましたが、それが価値観を広げてくれ、楽になっていく感覚もありました。

その中で、一番私を変えてくれたのは、「何歳になっても、やりたいことをやっていい」という雰囲気です。

例えば、私は音楽がすごく好きなので、ライブも、ダンスも、音楽フェスなどのイベントも自分にとって欠かせない存在です。でも私が20歳頃の日本では、そういう場で今の自分以上の年齢の方を見かけることはすごく少なくて、「大人になったら来れないんだ」とさえ思っていました。

でも、アメリカに来て目の当たりにしたのは、老若男女、ほんとにおじいちゃんおばあちゃんまで、誰もが音楽を思い思いに楽しんでいる姿でした。そこにはルールやジャッジメントなんてなくて、踊りに没頭したり、音楽に熱狂したり高揚したり、それぞれ自分の感情やそこで起きている化学反応に集中しているだけ。その光景に私は衝撃を受けました。本来、音楽に年齢は関係なく、体が動けば踊れるし演奏できるし歌えるし、体力がなくたって音楽を感じる脳があれば楽しめるのに、そこに見えない年齢制限をつけて遠ざけるなんて、すごくもったいないことだと感じました。

日本で積み上げられた私の小さくて凝り固まった価値観がガタガタと崩される音が聞こえました。

ファッションにも同じことを感じました。年齢ではなく、自分に似合うかどうかを基準に選んだほうが美しく見えます。アメリカでは、赤でも黄色でもピンクでも派手な柄でも、何歳になっても自分が好きな色を着ているし、それが似合っているんですよね。水着に関しても、アメリカのビーチに行ったら、よくおじいちゃんおばあちゃんが水着でのんびりしたり海で遊んだりしています。若くても中年でも、お腹が出てるとか、セルライトがあるからなんて関係なく、ビーチに来たら水着を着て楽しむだけ、なのです。なんと素敵なんだと感銘を受けました。

「私はこの年齢だからこういう服を着てはいけない」「この色は着られない」「肌を出したらいけない」とか、そういった考えをニューヨーカーははなから持っていません。抑圧がないからか、変に若作りしたような無理のある服装の人も見かけません。とても自然に見えます。勝手に思い込んでいるリミットが自分にも周りにも存在しないだけで、すごく幸せなことなんだろうなと感じました。

それから特にいいなと思うのは、女性も男性もいつまでも自分のセクシーな部分を大事にしていて、いい意味でいつも現役感があることです。何歳になっても、堂々とデートして、触れ合っています。高校生カップルと60歳カップルの間になんの違いもありません。

私が言っているのは、性的なアピールをするような外向けのセクシーの意味ではありません。内面的な芯の強さ・知識の量・人としての自信からくるセクシーさで、「私、今日もセクシーだな」と自分が思っているような感覚です。自分がセクシーだと思っていたら、わざわざセクシーな服を着たり、ふるまいをする必要はありません。外的な要因に頼るのではなく、自分をセクシーだと感じられるのは、自分の内面に自信があったり、知識を蓄え、経験を積んできたからこそだと思うのです。そういう人は特別な輝きを放っているし、自分らしさと自由を知っているし、人に愛を持って接することができているように感じます。若さを追い求めるのではなく、知識と経験を積み重ね、それが自信となり、人としての輝きをより強くしてくれるでしょう。

そういう意味で、私はずっとセクシーでありたいし、セクシーな生き方をしたいです。

日本とアメリカ、文化も違えば幸せの定義も違いますが、「人との絆」や「人生の満足感・充実感」が人生の最後に「幸せだった」と思わせてくれる要素というのは同じなのではないかと思います。それを考えると、過剰な我慢や他人軸の生き方は、その両方を遠ざけてしまう要因になってしまいます。

誰かを大切に思うことと同じように、自分のことも大切にして優先していけると、自分が責任を持った選択・行動をしていけるようになるのではないか、他の誰かを心から愛し、大切にできるのではないかと思います。

だからまず、自分に軸を戻して、自分を大切にする練習から。

自分軸に戻し、自分の心の声をよく聞いてあげて、選択する。体や脳に染みついた思考や行動を変えるのはすぐにできることではありませんが、私自身失敗を繰り返しながらも、少しずつ自分が変わっていっているのを実感しています。最初はうまくいかなくても、いつか、それが体と脳に染みついて、何も考えなくても自分軸で生きられるようになると信じています。

今日も誰かに言う「あそぼー！」

今でこそYouTubeチャンネルを持つことは珍しいことではありませんが、私がカリフォルニアに渡ったばかりの２０１１年頃は、YouTubeは見るものという感覚でした。それまで雑誌の仕事やブロガーをしていたので、YouTubeで自分自身の企画を発信できるということには常に興味がありました。それに、私は音楽をやっているので、ニューヨークで自分はシンガーだと言うと、必ずと言っていいほど「YouTubeで聴ける？」「どこで聴けるの？」と聞かれていました。ショービジネスをやっている人たちにとってYouTubeは名刺代わりになります。それなのに、ニューヨークでいろいろな経験をしているうちに無気力になってしまい、結局その頃自分では動画をあげることができませんでした。

今考えると「いいからやりなさいよ」と言いたくなりますが、ニューヨークというのは不思議な場所で、個性が強く何かやりたいことがあって、とにかく自分が一番になってやる！　と野望を持った人たちが集まっているので、人や街のエネルギーが強すぎるのです。

ちょっとでもエネルギーを落とすとのみ込まれるような場所なので、無気力になった私はなかなか回復できず、自分を見失ったまま苦しい時間を過ごしていました。

時は流れて2020年、黒人男性が白人警察官に押さえつけられ首を圧迫されて死亡した事件をきっかけに、「Black Lives Matter（BLM　ブラック・ライブズ・マター）」という社会運動がニューヨークでも盛んになりました。

その頃私が住んでいたブルックリンのとあるエリアは、抗議活動が盛んで、毎日自分のアパートの近くを参加者たちが歩いていて、スローガンが聞こえてきていました。最初は、当事者ではないアジア人の私が参加してよいのかなと思っていましたが、ある日「黙っていることは、同意していることと同じだ」と気づき、参加することにしました。

実際中に入ってみると、外から見ていたときとは見える景色や感じ方が全然違う。そのとき「これを日本の人たちに伝えなきゃ」という使命のような気持ちが芽生えました。

日本ではBLMの抗議活動は暴力的で、警察と闘って、という報道ばかりが強調されていたようで、友人たちから「ニューヨーク危険みたいだけど大丈夫?」という連絡をたくさんもらいました。もちろんアメリカ、ニューヨークでも危険な抗議活動は実際に起こっていましたが、それが全てではありません。多くの抗議活動は、平和を願って、よい未来を願って、行われていたのを知っていました。

そのときの私は「この、今私が見ている、感じていることをそのまま伝えたい」、そして、〝差別〟と聞いてもピンとこないであろう日本の人たちに「世界ではこのようなことが今も当たり前に起こっている」ということをとにかく知って、興味を持ってもらいたいと思いました。それが長年先送りしていたYouTubeチャンネルを始めるきっかけになりました。

YouTubeでは私自身がデモに参加している映像だけではなく、どうしてBLM運動が起こっているのか、その歴史的背景や今のアメリカで起きているリアルを話しました。

YouTubeチャンネルを始めたのにはもう1つ理由があります。

当時、ロックダウンで時間もたくさんあったので、付き合っている彼がスケボーを教えてくれることになったのです。それまで10代からスケボーに興味があったものの、怖かったり、年齢を重ねるにつれて、「もう今さら自分がやるものではない」と諦めていました。

でも実際始めてみると、初めてスケボーに体重を乗せてから30分後にはスイスイ滑っていました。彼が若い頃スノボーを本格的にやっていてスケボーも得意だったので、教えるのが上手だったのも大きいですが、自分の運動神経がよかったことも要因だったと思います。

小さい頃から運動大好き、中学はバレーボール、高校は硬式テニスと部活も楽しんできたスポーツ少女でしたが、専門学校に進学して、自分のスポーツ少女時代を知らない友人たちに、私の性格からか「運動できないキャラ」のように思われ、なんとなく自分でも運動ができないと思い込んでしまったのです。

それから36歳になり、スケボーができたことで、自分自身「I can do it! I can do anything!」と思えたことが私の内面に大きな影響を与えました。自分の身体能力に自信がなくなっていたから、挑戦することに消極的になっていたのだと気づきました。

無意識のうちに30代、特に35歳を過ぎると、「今からでは無理」「やめておこう」と考えてしまうことが増えたような気がします。でも、本当はやってみたらなんだってできるんです。本当はできるのに、年齢という人によって内容が違うものに従ってやらないのはすごくもったいない。

そしてアメリカに来て、日本の当たり前が当たり前じゃないことを知ったからこそ、「いつからでも、なんだってできる！　子どものときのわくわくを忘れずに、好きなことをしたり、新しいことにも挑戦しよう（遊ぼう＝ASOBO）」というメッセージを日本の人たちに伝えたい、「私のように年齢を重ねて自信を失った女性たちの可能性を広げたい、自由に羽ばたいて輝いてほしい」という気持ちで発信を始めたのがYouTubeチャンネル『ASOBO TV NEW YORK』なのです。

チャンネル名には、もうひとつエピソードがあります。友人の子どもに、誰に対してもオープンで子どもの無邪気さがあり、ハッとするような人生何周目かのような発言をしたり、とても魅力的で太陽みたいな子がいます。その子が私に会ったとき、「私マヤちゃん！　一緒に遊ぼう！」と言ってくれたことがありました。彼女のそのシンプルな言動がすごすぎて、私の体の中で高揚と興奮がかけまわりました。「うわぁ、そうだよね！！！」大人になると自意識が強くなったり、変なプライドが邪魔して、なかなか自分から声をかけられないことがあります。でも大人だって同じで、変なプライドは手放して、オープンになって、マヤちゃんみたいに自分から挨拶して、自己紹介して、一緒にやろうって言えたらどうだろう？ きっとすごく平和だし、いろんなことが円滑になって、私たちはもっともっと幸せになれるんじゃないかと思うのです。

そういうことを考えていたら、子どものときに、友達に「あーそーぼ！」って言っていたことをすごく愛おしく感じました。あのときのまっすぐでわくわくだけで動いていた気持ちをずっと忘れたくないなと思いました。

こんなふうに「遊ぼう（＝ASOBO）」という言葉には、たくさんのエピソードが詰まっています。きっと、人の数だけエピソードがある言葉だと思います。

大人になっても、「遊ぼう」という言葉で魔法にかかりたい。楽しいことを選択していきたい。新しいことに挑戦していきたい。そして、アクティビティに消極的になった自分に、積極的に遊んでいくぞという気持ちも込めて、今日も言います。

「あそぼー！」

瞑想や呼吸法で自分に還ると見えてくる

ニューヨークでの日課といえば、ウォーキングを1時間前後して、最後に公園で瞑想をすることです。

動画の私を見ると、「ポジティブな人間」と思う人もいるかもしれませんが、特にこの10年、私は悩んだり気にしすぎたり、頭ぐちゃぐちゃ、他人優先で自分のことが後回しになりがちです。その思考の理由や解消法をわかっていないときは、ずっと霧の中にいるようでした。

瞑想にはずいぶん前から興味があったので、海辺で、瞑想ワークで、お寺で、と日本でもニューヨークでも挑戦してきましたが、私自身、常に考え事をしているタイプなので、雑念を払えず、成功体験を得られないまま過ごしてきました。

しかし、これまたロックダウン中のある日、ついに成功体験が訪れます。時間に追われず、気持ちに余裕ができてきた頃。ベッドで大の字になって、力を抜いて眉間のあたりに意識を集中させ、呼吸をしていると、自分と周りの境界線がぼやぼやと徐々に薄れていきました。全ての境界線がなくなり、体はこの宇宙とひとつで、意識は気持ちよさそうにゆらゆらと頭部あたりに浮いているような感覚です。そのときは考え事などすることはできません。

これを聞くと「やばいことを言っている」と思う人もいるかもしれませんが、本当に体が浮いているような感覚なのです。瞑想の成功体験がある人はこの感覚を理解できると思います。一度成功したら、どんどんコツをつかんで、瞑想ができるようになりました。すると見えてくるのは宇宙だけでなく、ギリシャ神話のような雲の上の明るい場所で、アファメーション（自己宣言）すると神がそれに合わせてポーズをとってくれたり、様々です。おそらく見えるものは人それぞれなのだと思います。

瞑想ができるようになると、たくさんの変化がありました。考えることをやめられず、緊張状態が続いていた私が、瞑想で時間をかけなくてもスッと一瞬で力を抜けるようになりました。そのときは手足の指の先、髪の毛までもリラックスしています。それ以来考え事から自分を切り離し、集中できるようになりました。痛みと自分を切り離すことができるようになりました。そしてその先には性的な開眼もあり、神秘的な体験をするようになりました。

そして瞑想をすると、無意識や潜在意識が活性化すると言われています。自分では、自覚できる顕在意識で行動や選択をしていると思っていますが、実は意識していない潜在意識は、思考や行動に大きな影響を与える重要な要素とされています。そこにアクセスできるようになることで、自分の思考や行動の癖に気づき、変えていくことができるようになります。自分を理解し、学ぶことは、よりよい人生を送る近道になると私は考えています。

今でもなんだかメンタルが不安定だと感じるときは、大体呼吸がうまくできていません。無意識に息を止めているのです。呼吸は当たり前にしていると思うかもしれませんが、意識しないとできていないときもあります。

だから、瞑想というと仰々しく感じる人は、「深呼吸をする」「意識しながら呼吸をする」という意識でやってみると入りやすいかもしれません。

瞑想にはいろいろなやり方がありますが、一番取り入れやすいのが、106ページで紹介した4－7－8呼吸法です。本当に自分のペースでカウントしながら、吸う、止める、吐き出すをするだけなので、どんなタイミングでもできます。緊張を緩めたいときなどにもぴったりです。

私が好きなのはガイド瞑想です。ガイド瞑想とは、「では、息を吸いましょう、1…2…3…」「私は自信があります」「私は愛されています」などと音声が誘導をしてくれるものです。ガイド瞑想は言われたことをするだけなので、何も考えずに行うことができます。YouTubeやポッドキャストで「誘導瞑想」「ガイド瞑想」で検索をしてみてください。

「瞑想に興味があるけどやり方がわからない」という人も「瞑想は自分には関係ない」となんとなく思っている人も、今、深呼吸してみましょう。

眉間と顎の力を抜いて、まず体の中の息を全て吐き出しきって空っぽにしてから、体の隅々まで空気が入るくらい吸って、ゆっくり細く長く吐いて。それを3回繰り返したら、ほら、気分が変わったでしょ。

自分だけのトキメキを作って、自分を愛でる

「最近自分を大切にできていないな」と感じたら、足の爪にキューティクルオイルを塗ることにしています。これを数日間でもいいので毎日続けてみると、自分の意識が変わり始めます。

ある日ふと、手の爪のついでに足の爪にもキューティクルオイルを塗ってみました。すると、自分にとってこの行為は本当に自分だけのためにしていることだなと気づき、その瞬間、自分自身をすごく愛おしく感じ、ぎゅっと抱きしめているような感覚になったのです。

日常生活の中で「自分を大事にしている」と感じられる瞬間って、なかなかないものです。先にも紹介した、行きたいと思ったらすぐトイレに行ってあげる、時々は食べたいものを食べたいときに食べてあげる、時々はほしいと思ったら買ってあげるなど、自分の思いを叶えてあげることは優先順位の話なのでトレーニングが必要になり

ますが、足の爪にキューティクルオイルを塗るという行為は、自分を大事にするちょっとした儀式というか、「今日も自分、ありがとう、がんばったね」と思える時間になります。

そしてこんな短時間の小さなことでも、毎日続けていたら、なんとなく意識が変わってきます。これは、なんでもない日にすごく高級な下着をつけたときと、ちょっと感覚が似ているかもしれません。誰にもわからないことだから、自分自身を喜ばせるため、幸せにするための行為になります。

やはり髪でもメイクでもファッションでも、着飾るときは、どうしても意識の中に他人の目線が混じってしまいます。しかし誰にも見られないようなパーツのケアは、自分のためだけにする行為なので、それを日々行うことで、自分の中での自分の価値が上がります。

「だってこんなに手をかけてあげているんだもの」

季節によっては、足の爪は人目につくものに変わりますが、それでも誰かに近くでじっと見られることはそんなにないので、自分だけのシークレットケアと感じられると思います。

また、私は手のケアも大切にしています。手や指は自分でもよく目に入る部分だから、きれいにしていると自分の気持ちも高揚して、自分が愛おしくなり、もっとスペシャルに扱ってあげたくなります。

手のケアはすごく特別なことをしているわけではありませんが、定期的に化粧水をつけて、ハンドクリームやバームをつけて、キューティクルオイルを塗り込んで、夜はそれに加えてコットンの手袋をして寝ます。そうすると翌朝の手がぷりっぷりになります。

もちろん人間なので、できていないときもあって、ささくれができていたり、ネイルが剥がれていたりすることもあります。そういうときは、なんだかどんよりしてしまって、自分が自分自身に対して「そんな自分だからこれでいいか」というような扱い・選択をしてしまう気がします。

食器を洗うときは、極力ゴム手袋をつけます。ひじ上くらいまである長いゴム手袋が、ストレスなく洗い物ができて、お気に入りです。でも、さっと洗いたいときは、ついつい素手でやってしまうこともあります。洗浄能力が高い化学洗剤を使うとすぐにガサガサ、ささくれができてしまうので、ナチュラルな洗剤を選んでいます。それでも素手で洗うとカサカサするので、どんな洗剤であれゴム手袋をするのは大事だなと感じます。素手で洗ったあとや手を洗ったあとはすぐに化粧水やクリームをささっとつけます。ポンプ式のクリームやボディローションを生活の動線上にひとつ置いておくと、つける回数が必然的に増えるのでそうしています。

足の先や手の先など、そういった自己満足感の高い細かい部分に手をかけてあげること、そしてそれを毎日続けることで、「私は自分を大切にしているな」という意識から「自分って大切な存在だな、大切に扱われるべき存在だな」という意識に変わってきます。そうなると、自分の感情や考えをちゃんと尊重してあげようという気持ちになり、「WANT」を言えることにもつながっていくのではないかと考えています。

「私は大切な存在」

まずそのことに気づいて「大切な私」を丁寧に取り扱ってあげるのは、自分であれ。

EPILOGUE
おわりに

最後まで読んでいただき、ありがとうございます。

この本は、さわやかな美容本に私のエピソードがついているようなものになる予定でしたが、書いているうちに、エッセイ本かというくらい、自分の深いところにある言葉を絞り出して並べていました。それは、私の美容は自分の心や精神と結びついているので、「これをやったらきれいになる」というシンプルなものではないからです。自分をよく知り、学び、愛し、解放する方法のうちのいくつかが美容・健康というカテゴリに入っているのだと思います。

そんな私の美容・健康法ですが、行うときに意識していることが3つあるので、シェアさせてください。実践するときに、頭の隅に置いておいていただけるとうれしいです。

ひとつ目は「他人と比べない」こと。「悩みは、他人と自分を比較することから生じる」とよく言いますが、例えば、「この人みたいな肌・髪になりたい」と思って誰かと同じ美容法を試そうとしても、人それぞれ肌質・髪質も経過も結果も違うので、「私の肌質とは違う」「私はこの髪質だから無理」「やってみたのにああならない」となって楽しめないし、諦めてしまうことになります。

でも、「昨日のお肌と比べてどうかな?」「今日は昨日よりよくなってるな」と過去の自分との比較にすると、小さな変化を実感できるし、次の日のためにまた今日もやろうという気持ちが芽生えて、楽しみながら継続することができます。比べるのは、いつも過去の自分。闘う相手も、他人ではなく自分。あぁ、やっぱり、精神と結びついてますね。

ふたつめ目「すぐに結果を求めない」こと。

スキンケアや美容のテクニックというのは、結果が出るまでに時間がかかることも多々あります。変化や結果が見えづらいと、気持ちが続かないこともあるかもしれません。

私は「5年後、10年後の自分はどうなっているかな?　どうなりたいかな?」と考えながら、今使っているものを選んだり、やることを決めるようにしています。眠くてメイクを落とすのはだるいけど、5年後のお肌のために今やろう。自然派のものは高いけど、10年後のお肌に差が出るだろう。そんな風に未来の自分を大切にするイメージでやると、すぐに結果を求める必要がなくなります。

そして、3つ目は「やらない選択肢を持つ」こと。

継続することは大切ですが、「いつでもやめていいよ」「やらなくてもいいよ」と自分に選択肢を持たせるのも同じように大切です。湯シャンは「合わなかったらすぐにやめればいい」と思って始めたから、結果、何年も続けられています。スキンケアは、ずっと続けているので抜き方がわからなかったけれど、今は「無理しない、今日はサボろう！」とわざわざ声に出して、洗って化粧水とバームだけで終わらせることもあります。「やらなくてもいい」という選択肢を持っていれば、気持ちが楽になり、長く続けられるようになると思います。一日休んでも、また次の日からやればいいんです。

最後に。

この本を書きながら、私自身、改めて自分を大切にしたくなりました。毎日いろんなことが起こる中で、自分以外に意識が向いてしまうのは、ごく自然なことだと思います。そんな中でも、この本を読んだとき、深呼吸して、「自分を大切にしよう」と思ってもらえたらいいなと思います。

夢だった本の出版を現実にしてくれたみなさん。この本を手に取ってくれたみなさん。全てが当たり前じゃないから、この奇跡に感謝します。ありがとう。

２０２４年７月１日

私のお気に入り美容グッズ

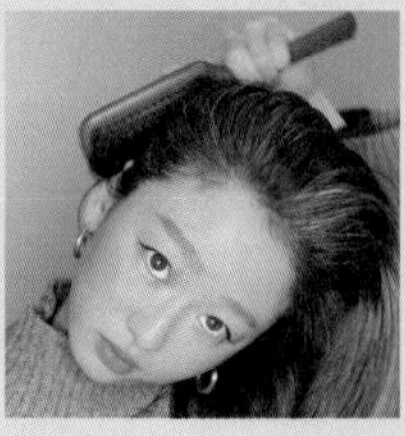

2021年の終わりに購入したAVEDAのパドルブラシ。髪にコシが生まれ艶やかになるだけでなく、マッサージするように頭皮全体をブラッシングするとシワ・たるみ予防にも！

パナソニックのイオンエフェクター。初めて使用したときにはコットンがまっ茶色になって、こんなにも角質がたまっていたのかと驚きました！ 月1回は必ず使用しています。

NYに移り住んでから口腔ケアに開眼！ 使用しているグッズも増えました。特にウォーターフロッサーは今やなくてはならない存在。これを使用してからでないと眠れません。

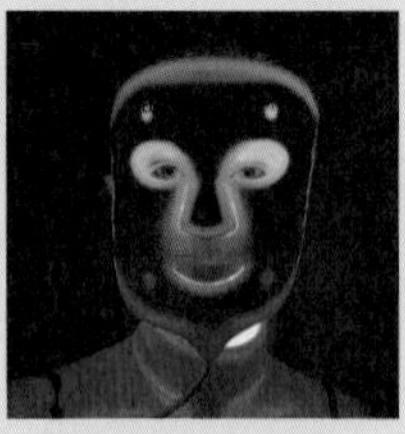

カレントボディ社のLEDマスク。見た目はコミカルですが、私の肌には合っていたようで、使用後の肌がプルンっとします！ 何かしながらでOKなので気軽に続けられるのがポイント。

美髪を作るのに欠かせないオラプレックスとoggi ottoのヘアケアアイテム。プレ&インバストリートメント時はヒーティングキャップを使用し、浸透をより高めます。効果も幸せな気持ちにしてくれる香りも◎。

心身の不調にCBD・CBG・CBNオイルを使い分けています。日本ではあまりメジャーではないかもしれませんが、NYではサプリメントのように取り入れている人が多い印象。

FOOD

美を作る食べ物

YouTube200万回再生を突破した「美肌＆うる髪ペースト」。材料は黒ゴマ、松の実、クルミだけ。蜂蜜と一緒にそのまま食べても、ヨーグルトやフルーツと一緒に食べても美味！

美肌をつくる「手羽先と白きくらげのスープ」。みそ汁に入れたりしながら取り入れています。ゴマやナッツがアレルギーなどでNGな人にもおすすめ。それ以外にも白きくらげはそのまま食べたり。

YATSUMI特製オーバーナイトオートミール。フルーツたっぷりで美味しいし腹持ちもいいので朝ごはんにぴったりな一品。

我が家の発酵食品たち。左からコンブチャ、発酵紫玉ねぎ、ザワークラフト。一度作ればさまざまな料理への応用が利くので大量につくってストックしています。

健やかな心を作るスポット

自分で狭めていた世界を打破してくれたスケートボード。NYのあちこちをともにまわりました。新しいことへの挑戦、身体能力への自信は見える世界をきらめかせます。

橋は見るのも渡るのも大好き。風を感じられるスポットで、上手くいかないとき、落ち込んでいるときに訪れるとモヤモヤを吹き飛ばしてくれるよう。

NYで得たかけがえのない友人たち。ライブ活動、NY生活での苦難も、ビザ申請時も、サポートしてくれた友人には感謝の気持ちでいっぱいです。

NYは自然豊かな場所。特に満開の桜は花のボリュームがあって日本とは違った美しさ。季節の木や花を見ながら過ごすことは私の心を豊かにしてくれます。

参加することで新しい世界を見ることができた「デモ」。自分のアイデンティティを見つめ直し、違いを受け入れることができるようになりました。

NYの公園には何度心が救われたか。セントラルパークは周りのビルも含めてとても美しいし、コロナ禍で毎日のように行ったプロスペクトパークは私の一番のパワースポット！

YATSUMI

美容家、オーガニックスキンケアブランドYATSUMIの開発者、ジャズシンガー、イラストレーターと、マルチな才能を生かしてしてNYから帰国し日本を拠点に活躍中。グレイヘアを受け入れながらも、若々しい見た目を維持している独自の美容法が人気。年齢を重ねるのは美しいこと、楽しいことというメッセージをSNSを通して発信している。

YouTube　https://www.youtube.com/@YATSUMIASOBOTVNEWYORK

CREDIT

編集協力
長谷川華

カバー・帯・本文デザイン
吉田憲司（TSUMASAKI）

DTP
黒田志麻

校正
麦秋アートセンター

コラージュ
Ricco

「自《じ》分《ぶん》至《し》上《じょう》最《さい》高《こう》！」になれる
NY《にゅーよーく》式《しき》オトナ美《び》容《よう》

2024年6月27日　初版発行

著者　YATSUMI《やつみ》

発行者　山下 直久
発行　株式会社KADOKAWA
〒102-8177　東京都千代田区富士見2-13-3
電話0570-002-301（ナビダイヤル）
印刷所　TOPPAN株式会社
製本所　TOPPAN株式会社

お問い合わせ
https://www.kadokawa.co.jp/（「お問い合わせ」へお進みください）
※内容によっては、お答えできない場合があります。
※サポートは日本国内のみとさせていただきます。
※Japanese text only

定価はカバーに表示してあります。

ISBN 978-4-04-606753-1　C0077